C000149955

1 MONTH OF
FREE
READING

at

www.ForgottenBooks.com

By purchasing this book you are eligible for one month membership to ForgottenBooks.com, giving you unlimited access to our entire collection of over 1,000,000 titles via our web site and mobile apps.

To claim your free month visit:
www.forgottenbooks.com/free932144

* Offer is valid for 45 days from date of purchase. Terms and conditions apply.

ISBN 978-0-260-16731-6
PIBN 10932144

This book is a reproduction of an important historical work. Forgotten Books uses
state-of-the-art technology to digitally reconstruct the work, preserving the original format
whilst repairing imperfections present in the aged copy. In rare cases, an imperfection in
the original, such as a blemish or missing page, may be replicated in our edition. We do,
however, repair the vast majority of imperfections successfully; any imperfections that
remain are intentionally left to preserve the state of such historical works.

Forgotten Books is a registered trademark of FB &c Ltd.
Copyright © 2018 FB &c Ltd.
FB &c Ltd, Dalton House, 60 Windsor Avenue, London, SW19 2RR.
Company number 08720141. Registered in England and Wales.

For support please visit www.forgottenbooks.com

COLLECTION DES MEILLEURS AUTEURS ANCIENS ET MODERNES

ŒUVRES CHOISIES

DE

63859

MARIVAUX

LES FAUSSES CONFIDENCES

LE LEGS

TOME SECOND

PARIS

BUREAUX DE LA PUBLICATION

2, RUE DE VALOIS, PALAIS-ROYAL

1882

WILLIAM R. JENKINS

ÉDITEUR ET LIBRAIRE FRANÇAIS

850 SIXTH AVENUE

LES

FAUSSES CONFIDENCES

COMÉDIE EN TROIS ACTES

1737

PERSONNAGES.

————

ARAMINTE, fille de madame Argante.
DORANTE, neveu de M. Remi.
M. REMI, procureur.
MADAME ARGANTE.
LUBIN, valet d'Araminte.
DUBOIS, ancien valet de Dorante.
MARTHON, suivante d'Araminte.
LE COMTE.
UN DOMESTIQUE, parlant.
UN GARÇON joaillier.

La scène est chez madame Argante.

LES
FAUSSES CONFIDENCES

ACTE PREMIER

—

SCÈNE PREMIÈRE

DORANTE, LUBIN.

LUBIN, *introduisant Dorante.*

Ayez la bonté, monsieur, de vous asseoir un moment dans cette salle. Mademoiselle Marthon est chez madame, et ne tardera pas à descendre.

DORANTE.

Je vous suis obligé !

LUBIN.

Si vous voulez, je vous tiendrai compagnie, de peur que l'ennui ne vous prenne : nous discourrons en attendant.

DORANTE.

Je vous remercie, ce n'est pas la peine ; ne vous détournez point.

LUBIN.

Voyez, monsieur, n'en faites pas de façon;
nous avons ordre de madame d'être honnête, et vous êtes témoin que je le suis.

DORANTE.

Non, vous dis-je; je serai bien aise d'être
un moment seul.

LUBIN.

Excusez, monsieur, et restez à votre fantaisie.

SCÈNE II

DORANTE, DUBOIS, *entrant avec un air de mystère.*

DORANTE.

Ah! te voilà?

DUBOIS.

Oui, je vous guettais.

DORANTE.

J'ai cru que je ne pourrais me débarrasser
d'un domestique qui m'a introduit ici, et qui
voulait absolument me désennuyer en restant. Dis-moi, M. Remi n'est donc pas encore
venu?

DUBOIS.

Non; mais voici l'heure à peu près qu'il
vous a dit qu'il arriverait. (*Il recherche et regarde.*) N'y a-t-il là personne qui nous voie
ensemble? Il est essentiel que les domestiques ici ne sachent pas que je vous connaisse.

DORANTE.

Je ne vois personne.

DUBOIS.

Vous n'avez rien dit de notre projet à
M. Remi, votre parent?

DORANTE.

Pas le moindre mot. Il me présente de la
meilleure foi du monde, en qualité d'intendant, à cette dame-ci, dont je lui ai parlé, et
dont il se trouve le procureur; il ne sait point
du tout que c'est toi qui m'as adressé à lui.
Il la prévint hier; il m'a dit que je me ren-
disse ce matin ici; qu'il me présenterait à
elle; qu'il y serait avant moi, ou que, s'il n'y
était pas encore, je demandasse une mademoiselle Marthon. Voilà tout, et je n'aurais
garde de lui confier notre projet, non plus
qu'à personne: il me paraît extravagant, à
moi qui m'y prête. Je n'en suis pourtant pas
moins sensible à ta bonne volonté. Dubois,
tu m'as servi, je n'ai pu te garder, je n'ai pu
même te récompenser de ton zèle; malgré
cela, il t'est venu dans l'esprit de faire ma
fortune: en vérité, il n'est point de reconnaissance que je ne te doive.

DUBOIS.

Laissons cela, monsieur. Tenez, en un mot,
je suis content de vous: vous m'avez toujours
plu; vous êtes un excellent homme, un homme que j'aime; et, si j'avais bien de l'argent,
il serait encore à votre service.

DORANTE.

Quand pourrai-je reconnaître tes sentiments
pour moi? Ma fortune serait la tienne; mais
je n'attends rien de notre entreprise, que la
honte d'être renvoyé demain.

DUBOIS.

Eh bien, vous vous en retournerez.

DORANTE.

intimate

Cette femme-ci a un rang dans le monde; elle est liée avec tout ce qu'il y a de mieux; veuve d'un mari qui avait une grande charge dans les finances : et tu crois qu'elle fera quelque attention à moi, que je l'épouserai, moi qui ne suis rien, moi qui n'ai point de bien?

DUBOIS.

Point de bien! votre bonne mine est un Pérou. Tournez-vous un peu, que je vous considère encore. Allons, monsieur, vous vous moquez; il n'y a point de plus grand seigneur que vous à Paris. Voilà une taille qui vaut toutes les dignités possibles, et notre affaire est infaillible, absolument infaillible : il me semble que je vous vois déjà en déshabillé dans l'appartement de madame.

DORANTE.

Quelle chimère!

DUBOIS.

Oui, je le soutiens. Vous êtes actuellement dans votre salle, et vos équipages sont sous la remise.

DORANTE.

Elle a plus de cinquante mille livres de rente, Dubois.

DUBOIS.

Ah! vous en avez bien soixante pour le moins.

DORANTE.

Et tu me dis qu'elle est extrêmement raisonnable.

DUBOIS.

Tant mieux pour vous, et tant pis pour
elle! Si vous lui plaisez, elle en sera si hon-
teuse, elle se débattra tant, elle deviendra si
faible, qu'elle ne pourra se soutenir qu'en
vous épousant: vous m'en direz des nouvelles. Vous l'avez vue, et vous l'aimez?

DORANTE.

Je l'aime avec passion, et c'est ce qui fait
que je tremble.

DUBOIS.

Oh! vous m'impatientez avec vos terreurs:
eh! que diantre! un peu de confiance; vous
réussirez, vous dis-je. Je m'en charge, je l'ai
mis là. Nous sommes convenus de toutes
nos actions, toutes nos mesures sont prises;
je connais l'humeur de ma maîtresse, je sais
votre mérite, je sais mes talents, je vous con-
duis, et on vous aimera, toute raisonnable
qu'on est; on vous épousera, toute fière qu'on
est, et on vous enrichira, tout ruiné que vous
êtes; entendez-vous? Fierté, raison et ri-
chesse, il faudra que tout se rende. Quand
l'amour parle, il est le maître; et il parlera.
Adieu, je vous quitte; j'entends quelqu'un,
c'est peut-être M. Remi. Nous voilà embar-
qués, poursuivons. (*Il fait quelques pas et revient.*) A propos, tâchez que Marthon prenne
un peu de goût pour vous : l'amour et moi,
nous ferons le reste.

SCÈNE III

M. REMI, DORANTE.

M. REMI.

Bonjour, mon neveu : je suis bien aise de vous voir exact. Mademoiselle Marthon va venir; on est allé l'avertir. La connaissez-vous?

DORANTE.

Non, monsieur. Pourquoi me le demandez-vous?

M. REMI.

C'est qu'en venant ici j'ai rêvé à une chose... Elle est jolie au moins !

DORANTE.

Je le crois.

M. REMI.

Et de fort bonne famille : c'est moi qui ai succédé à son père; il était fort ami du vôtre; homme un peu dérangé, sa fille est restée sans bien. La dame d'ici a voulu l'avoir; elle l'aime, la traite bien moins en suivante qu'en amie, lui fait beaucoup de bien, lui en fera encore, et a offert même de la marier. Marthon a d'ailleurs une vieille parente asthmatique dont elle hérite, et qui est à son aise. Vous allez être tous deux dans la même maison; je suis d'avis que vous l'épousiez : qu'en dites-vous?

DORANTE, *souriant, à part.*

Eh !... mais je ne pensais pas à elle.

M. REMI.

Eh bien, je vous avertis d'y penser; tâchez
de lui plaire. Vous n'avez rien, mon neveu; je
dis rien qu'un peu d'espérance. Vous êtes mon
héritier; mais je me porte bien, et je ferai
durer cela le plus longtemps que je pourrai,
sans compter que je puis me marier. Je n'en
ai point d'envie; mais cette envie-là vient
tout d'un coup : il y a tant de minois qui vous
la donnent! Avec une femme, on a des enfants, c'est la coutume; auquel cas, serviteur
au collatéral. Ainsi, mon neveu, prenez toutes
vos petites précautions, et vous mettez en
état de vous passer de mon bien, que je vous
destine aujourd'hui et que je vous ôterai demain peut-être.

DORANTE.

Vous avez raison, monsieur; et c'est aussi
à quoi je vais travailler.

M. REMI.

Je vous y exhorte. Voici mademoiselle Marthon : éloignez-vous de deux pas, pour me
donner le temps de lui demander comment
elle vous trouve.

(*Dorante s'écarte un peu.*)

SCÈNE IV

M. REMI, MARTHON, DORANTE.

MARTHON.

Je suis fâchée, monsieur, de vous avoir fait
attendre; mais j'avais affaire chez madame.

M. REMI.

Il n'y a pas grand mal, mademoiselle; j'ar-

rive. Que pensez-vous de ce grand garçon-là?
(Montrant Dorante.)

MARTHON, riant.

Et par quelle raison, monsieur Remi, faut-il que je vous le dise?

M. REMI.

C'est qu'il est mon neveu.

MARTHON.

Eh bien, ce neveu-là est bon à montrer; il ne dépare point la famille.

M. REMI.

Tout de bon? C'est lui dont j'ai parlé à madame pour intendant, et je suis charmé qu'il vous revienne : il vous a déjà vue plus d'une fois chez moi, quand vous y êtes venue; vous en souvenez-vous?

MARTHON.

Non, je n'en ai point d'idée.

M. REMI.

On ne prend pas garde à tout. Savez-vous ce qu'il me dit la première fois qu'il vous vit? « Quelle est cette jolie fille-là? » (Marthon sourit.) Approchez, mon neveu. Mademoiselle, votre père et le sien s'aimaient beaucoup : pourquoi les enfants ne s'aimeraient-ils pas? En voilà un qui ne demande pas mieux; c'est un cœur qui se présente bien.

DORANTE, embarrassé.

Il n'y a rien là de difficile à croire.

M. REMI.

Voyez comme il vous regarde ! Vous ne feriez pas là une si mauvaise emplette.

MARTHON.

J'en suis persuadée: monsieur prévient en sa faveur, et il faudra voir.

M. REMI.

Bon ! bon ! il faudra voir. Je ne m'en irai point que cela ne soit vu.

MARTHON, *riant.*

Je craindrais d'aller trop vite.

DORANTE.

Vous importunez mademoiselle, monsieur.

MARTHON, *riant.*

Je n'ai pourtant pas l'air si indocile.

M. REMI, *joyeux.*

Ah ! je suis content : vous voilà d'accord. Oh ! çà, mes enfants (*il leur prend la main à tous les deux*) je vous fiance, en attendant mieux. Je ne saurais rester; je reviendrai tantôt. Je vous laisse le soin de présenter votre futur à madame. Adieu, ma nièce.

(*Il sort.*)

MARTHON, *riant.*

Adieu donc, mon oncle.

SCÈNE V

MARTHON, DORANTE.

MARTHON.

En vérité, tout ceci a l'air d'un songe. Comme M. Remi expédie ! Votre amour me paraît bien prompt : sera-t-il aussi durable?

DORANTE.

Autant l'un que l'autre, mademoiselle..

MARTHON.

Il s'est trop hâté de partir. J'entends madame qui vient; et, comme, grâce aux arrangements de M. Remi, vos intérêts sont presque les miens, ayez la bonté d'aller un moment sur la terrasse, afin que je la prévienne.

DORANTE,

Volontiers, mademoiselle.

MARTHON, *en le voyant sortir*.

J'admire ce penchant dont on se prend tout d'un coup l'un pour l'autre.

SCÈNE VI

ARAMINTE, MARTHON.

ARAMINTE.

Marthon, quel est donc cet homme qui vient de me saluer si gracieusement, et qui passe sur la terrasse? Est-ce vous à qui il en veut?

MARTHON.

Non, madame; c'est à vous-même.

ARAMINTE, *d'un air assez vif*.

Eh bien, qu'on le fasse venir: pourquoi s'en va-t-il?

MARTHON.

C'est qu'il a souhaité que je vous parlasse

auparavant. C'est le neveu de M. Remi, celui qu'il vous a proposé pour homme d'affaires.

ARAMINTE.

Ah! c'est là lui? Il a vraiment très-bonne façon.

MARTHON.

Il est généralement estimé; je le sais.

ARAMINTE.

Je n'ai pas de peine à le croire : il a tout l'air de le mériter. Mais, Marthon, il a si bonne mine pour un intendant, que je me fais quelque scrupule de le prendre. N'en dira-t-on rien?

MARTHON.

Et que voulez-vous qu'on dise? Est-on obligé de n'avoir que des intendants mal faits?

ARAMINTE.

Tu as raison. Dis-lui qu'il revienne. Il n'était pas nécessaire de me préparer à le recevoir : dès que c'est M. Remi qui me le donne, c'en est assez; je le prends.

MARTHON, *comme s'en allant.*

Vous ne sauriez mieux choisir. (*Et puis revenant.*) Etes-vous convenus du parti que vous lui faites? M. Remi m'a chargée de vous en parler.

ARAMINTE.

Cela est inutile. Il n'y aura point de dispute là-dessus. Dès que c'est un honnête homme, il aura lieu d'être content. Appelez-le.

MARTHON, *hésitant de partir.*

On lui laissera ce petit appartement donne sur le jardin, n'est-ce pas?

ARAMINTE.

Oui; comme il voudra : qu'il vienne.

(Marthon va dans la coulisse.)

SCÈNE VII

DORANTE, ARAMINTE, MARTHON.

MARTHON.

Monsieur Dorante, madame vous attend.

ARAMINTE.

Venez, monsieur : je suis obligée à M. Remi d'avoir songé à moi. Puisqu'il me donne son neveu, je ne doute pas que ce ne soit un présent qu'il me fasse. Un de mes amis me parla avant-hier d'un intendant qu'il doit m'envoyer aujourd'hui; mais je m'en tiens à vous.

DORANTE.

J'espère, madame, que mon zèle justifiera la préférence dont vous m'honorez, et que je vous supplie de me conserver. Rien ne m'affligerait tant à présent que de la perdre.

MARTHON.

Madame n'a pas deux paroles.

ARAMINTE.

Non, monsieur; c'est une affaire terminée; je renverrai tout. Vous êtes au fait des affaires, apparemment; vous y avez travaillé?

DORANTE.

Oui, madame; mon père était avocat, et je urrais l'être moi-même.

ARAMINTE.

C'est-à-dire que vous êtes un homme de
très-bonne famille, et même au-dessus du
parti que vous prenez?

DORANTE.

Je ne sens rien qui m'humilie dans le parti
que je prends, madame; l'honneur de servir
une dame comme vous n'est au-dessous de
qui que ce soit, et je n'envierai la condition
de personne.

ARAMINTE.

Mes façons ne vous feront point changer
de sentiment. Vous trouverez ici tous les
égards que vous méritez; et si, dans la suite,
il y avait occasion de vous rendre service, je
ne la manquerai point.

MARTHON.

Voilà madame; je la reconnais.

ARAMINTE.

Il est vrai, je suis toujours fâchée de voir
d'honnêtes gens sans fortune, tandis qu'une
infinité de gens de rien et sans mérite en ont
une éclatante : c'est une chose qui me blesse,
surtout dans les personnes de son âge; car
vous n'avez que trente ans tout au plus?

DORANTE.

Pas tout à fait encore, madame.

ARAMINTE.

Ce qu'il y a de consolant pour vous, c'est
que vous avez le temps de devenir heureux.

DORANTE.

Je commence à l'être aujourd'hui, madame.

ARAMINTE.

On vous montrera l'appartement que je
vous destine ; s'il ne vous convient pas, il y
en a d'autres, et vous choisirez. Il faut aussi
quelqu'un qui vous serve, et c'est à quoi je
vais pourvoir. Qui lui donnerons-nous, Marthon ?

MARTHON.

Il n'y a qu'à prendre Lubin, madame. Je le
vois à l'entrée de la salle, et je vais l'appeler. Lubin, parlez à madame.

SCÈNE VIII

ARAMINTE, DORANTE, MARTHON, LUBIN,
UN DOMESTIQUE.

LUBIN.

Me voilà, madame.

ARAMINTE.

Lubin, vous êtes à présent à monsieur ;
vous le servirez, je vous donne à lui.

LUBIN.

Comment ! madame, vous me donnez à lui ?
Est-ce que je ne serai plus à moi ? Ma personne ne m'appartiendra donc plus ?

MARTHON.

Quel benêt !

ARAMINTE.

J'entends qu'au lieu de me servir, ce sera
lui que tu serviras.

LUBIN, *comme pleurant.*

Je ne sais pas pourquoi madame me donne mon congé ; je n'ai pas mérité ce traitement, je l'ai toujours servie à faire plaisir.

ARAMINTE.

Je ne te donne point ton congé ; je te paye-rai pour être à monsieur.

LUBIN.

Je représente à madame que cela ne serait pas juste : je ne donnerai pas ma peine d'un côté, pendant que l'argent me viendra d'un autre. Il faut que vous ayez mon service, puisque j'aurai vos gages ; autrement, je fri-ponnerais madame.

ARAMINTE.

Je désespère de lui faire entendre raison.

MARTHON.

Tu es bien sot ! Quand je t'envoie quelque part, ou que je te dis, fais telle ou telle chose, n'obéis-tu pas ?

LUBIN.

Toujours.

MARTHON.

Eh bien, ce sera monsieur qui te le dira comme moi, et ce sera à la place de madame et par son ordre.

LUBIN.

Ah ! c'est une autre affaire. C'est madame qui donnera ordre à monsieur de souffrir mon service, que je lui prêterai par le commande-ment de madame.

MARTHON.

Voilà ce que c'est.

LUBIN.

Vous voyez bien que cela méritait explication.

UN DOMESTIQUE.

Voici votre marchand qui vous apporte des étoffes, madame.

ARAMINTE.

Je vais les voir, et je reviendrai. Monsieur, j'ai à vous parler d'une affaire; ne vous éloignez pas.

SCÈNE IX

DORANTE, MARTHON, LUBIN.

LUBIN.

Oh! çà, monsieur, nous sommes donc l'un à l'autre, et vous avez le pas sur moi. Je serai le valet qui sert, et vous le valet qui serez servi par ordre.

MARTHON.

Ce faquin, avec ses comparaisons! Va-t'en.

LUBIN.

Un moment, avec votre permission. Monsieur, ne payerez-vous rien? Vous a-t-on donné ordre d'être servi *gratis*?

(*Dorante rit.*)

MARTHON.

Allons, laisse-nous : madame te payera; n'est-ce pas assez?

LUBIN.

Pardi! monsieur, je ne vous coûterai donc

guère ? On ne saurait avoir un valet à meilleur marché.

DORANTE.

Lubin, tu as raison. Tiens, voilà d'avance ce que je te donne.

LUBIN.

Ah! voilà une action de maître. A votre aise pour le reste.

DORANTE.

Va boire à ma santé.

LUBIN, *s'en allant.*

Oh! s'il ne faut que boire afin qu'elle soit bonne, tant que je vivrai je vous la promets excellente. (*A part.*) Le gracieux camarade qui m'est venu là par hasard !

SCÈNE X

DORANTE, MARTHON, Madame ARGANTE,
qui arrive un instant après.

MARTHON.

Vous avez lieu d'être satisfait de l'accueil de madame; elle paraît faire cas de vous, et tant mieux, nous n'y perdrons point. Mais voici madame Argante; je vous avertis que c'est sa mère, et je devine à peu près ce qui l'amène.

MADAME ARGANTE, *femme brusque et vaine.*

Eh bien, Marthon! ma fille a un nouvel intendant que son procureur lui a donné, m'a-t-elle dit. J'en suis fâchée; cela n'est point obligeant pour M. le comte, qui lui en avait retenu un. Du moins devait-elle attendre, et les voir tous deux. D'où vient préférer celui-ci ? Quelle espèce d'homme est-ce ?

MARTHON.

C'est monsieur, madame.

MADAME ARGANTE.

Eh ! c'est monsieur ? Je ne m'en serais pas doutée ; il est bien jeune.

MARTHON.

A trente ans, on est en âge d'être intendant de maison, madame.

MADAME ARGANTE.

C'est selon. Êtes-vous arrêté, monsieur ?

DORANTE.

Oui, madame.

MADAME ARGANTE.

Et de chez qui sortez-vous ?

DORANTE.

De chez moi, madame ; je n'ai encore été chez personne.

MADAME ARGANTE.

De chez vous ! Vous allez donc faire ici votre apprentissage ?

MARTHON.

Point du tout. Monsieur entend les affaires : il est fils d'un père extrêmement habile.

MADAME ARGANTE, à Marthon, à part.

Je n'ai pas grande opinion de cet homme-là. Est-ce là la figure d'un intendant ? Il n'en a non plus l'air...

MARTHON, *à part aussi.*

L'air n'y fait rien : je vous réponds de lui ; c'est l'homme qu'il nous faut.

MADAME ARGANTE.

Pourvu que monsieur ne s'écarte pas des intentions que nous avons, il me sera indifférent que ce soit lui ou un autre.

DORANTE.

Peut-on savoir ces intentions, madame?

MADAME ARGANTE.

Connaissez-vous M. le comte Dorimont? C'est un homme d'un beau nom. Ma fille et lui allaient avoir un procès ensemble, au sujet d'une terre considérable; il ne s'agissait pas moins que de savoir à qui elle resterait, et on a songé à les marier, pour empêcher qu'ils ne plaident. Ma fille est veuve d'un homme qui était fort considéré dans le monde, et qui l'a laissée fort riche : mais madame la comtesse Dorimont aurait un rang si élevé, irait de pair avec des personnes d'une si grande distinction, qu'il me tarde de voir ce mariage conclu; et, je l'avoue, je serais charmée moi-même d'être la mère de madame la comtesse Dorimont, et plus que cela peut-être; car M. le comte Dorimont est en passe d'aller à tout.

DORANTE.

Les paroles sont-elles données de part et d'autre?

MADAME ARGANTE.

Pas tout à fait encore, mais à peu près : ma fille n'en est pas éloignée. Elle souhaiterait seulement, dit-elle, d'être bien instruits de l'état de l'affaire, et savoir si elle n'a pas meilleur droit que M. le comte, afin que, si elle l'épouse, il lui en ait plus d'obligation; mais j'ai quelquefois peur que ce ne soit une défaite. Ma fille n'a qu'un défaut : c'est que je ne lui trouve pas assez d'élévation; le beau nom de Dorimont et le rang de comtesse ne la touchent pas assez; elle ne sent pas le désagrément qu'il y a de n'être qu'une bourgeoise. Elle s'endort dans cet état, malgré le bien qu'elle a.

DORANTE, *doucement*.

Peut-être n'en sera-t-elle pas plus heureuse, si elle en sort.

MADAME ARGANTE, *vivement*.

Il ne s'agit pas de ce que vous en pensez; gardez votre petite réflexion roturière, et servez-nous, si vous voulez être de nos amis.

MARTHON.

C'est un petit trait de morale qui ne gâte rien à notre affaire.

MADAME ARGANTE.

Morale subalterne, qui me déplaît.

DORANTE.

De quoi est-il question, madame ?

MADAME ARGANTE.

De dire à ma fille, quand vous aurez vu ses papiers, que son droit est le moins bon ; que, si elle plaidait, elle perdrait.

DORANTE.

Si effectivement son droit est le plus faible, je ne manquerai pas de l'en avertir, madame.

MADAME ARGANTE, *à part, à Marthon.*

Hum! quel esprit borné! (*A Dorante.*) Vous n'y êtes point! ce n'est pas là ce qu'on vous a dit : on vous charge de lui parler ainsi, indépendamment de son droit bien ou mal fondé.

DORANTE.

Mais, madame, il n'y aurait point de probité à la tromper.

MADAME ARGANTE.

De probité! J'en manque donc, moi? Quel raisonnement! C'est moi qui suis sa mère, et qui vous ordonne de la tromper à son avantage, entendez-vous? C'est moi, moi!

DORANTE.

Il y aura toujours de la mauvaise foi de ma part.

MADAME ARGANTE, *à part, à Marthon.*

C'est un ignorant que cela, qu'il faut renvoyer. Adieu, monsieur l'homme d'affaires, qui n'avez fait celles de personne.

(*Elle sort.*)

SCÈNE XI

DORANTE, MARTHON.

DORANTE.

Cette mère-là ne ressemble guère à sa fille.

MARTHON.

Oui, il y a quelque différence, et je suis fâ-

chée de n'avoir pas eu le temps de vous prévenir sur son humeur brusque. Elle est extrêmement entêtée de ce mariage, comme
vous voyez. Au surplus, que vous importe ce
que vous direz à la fille, dès que la mère sera
votre garant? Vous n'aurez rien à vous reprocher, ce me semble ; ce ne sera pas là une
tromperie.

DORANTE.

Eh ! vous m'excuserez : ce sera toujours
l'engager à prendre un parti qu'elle ne pren-
drait peut-être pas sans cela. Puisque l'on
veut que j'aide à l'y déterminer, elle y résiste
donc ?

MARTHON.

C'est par indolence.

DORANTE.

Croyez-moi, disons la vérité.

MARTHON.

Oh ! çà, il y a une petite raison à laquelle
vous devez vous rendre : c'est que M. le
comte me fait présent de mille écus le jour
de la signature du contrat; et cet argent-là,
suivant le projet de M. Remi, vous regarde
aussi bien que moi, comme vous voyez.

DORANTE.

Tenez, mademoiselle Marthon, vous êtes
la plus aimable fille du monde; mais ce n'est
que faute de réflexion que ces mille écus vous
tentent.

MARTHON.

Au contraire, c'est par réflexion qu'ils me
tentent : plus j'y rêve, plus je les trouve
bons.

DORANTE.

Mais vous aimez votre maîtresse; et, si elle
n'était pas heureuse avec cet homme-là, ne
vous reprocheriez-vous pas d'y avoir contribué pour une misérable somme?

MARTHON.

Ma foi, vous avez beau dire : d'ailleurs, le
comte est honnête homme, et je n'y entends
point de finesse. Voilà madame qui revient;
elle a à vous parler, je me retire : méditez
sur cette somme; vous la goûterez aussi bien
que moi.

DORANTE.

Je ne suis plus si fâché de la tromper.

SCÈNE XII

ARAMINTE, DORANTE.

ARAMINTE.

Vous avez donc vu ma mère?

DORANTE.

Oui, madame, il n'y a qu'un moment.

ARAMINTE.

Elle me l'a dit, et voudrait bien que j'en
eusse pris un autre que vous.

DORANTE.

Il me l'a paru.

ARAMINTE.

Oui; mais ne vous embarrassez point, vous
me convenez.

DORANTE.

Je n'ai point d'autre ambition.

ARAMINTE.

Parlons de ce que j'ai à vous dire ; mais que ceci soit secret entre nous, je vous prie.

DORANTE.

Je me trahirais plutôt moi-même.

ARAMINTE.

Je n'hésite point non plus à vous donner ma confiance. Voici ce que c'est : on me veut marier avec M. le comte Dorimont, pour éviter un grand procès que nous aurions ensemble au sujet d'une terre que je possède.

DORANTE.

Je le sais, madame, et j'ai eu le malheur d'avoir déplu tout à l'heure là-dessus à madame Argante.

ARAMINTE.

Et d'où vient?

DORANTE.

C'est que, si dans votre procès vous avez le bon droit de votre côté, on souhaite que je vous dise le contraire, afin de vous engager plus vite à ce mariage ; et j'ai prié qu'on m'en dispensât.

ARAMINTE.

, Que ma mère est frivole ! Votre fidélité ne me surprend point ; j'y comptais. Faites toujours de même, et ne vous choquez point de ce que ma mère vous a dit ; je la désapprouve. A-t-elle tenu quelque discours désagréable?

DORANTE.

Il n'importe, madame ; mon zèle et mon attachement en augmentent, voilà tout.

ARAMINTE.

Et voilà aussi pourquoi je ne veux pas qu'on vous chagrine, et j'y mettrai bon ordre. Qu'est-ce que cela signifie ? Je me fâcherai, si cela continue. Comment donc ! vous ne seriez pas en repos, on aurait de mauvais procédés avec vous, parce que vous en avez d'estimables ! Cela serait plaisant.

DORANTE.

Madame, par toute la reconnaissance que je vous dois, n'y prenez point garde : je suis confus de vos bontés, et je suis trop heureux d'avoir été querellé.

ARAMINTE.

Je loue vos sentiments. Revenons à ce procès dont il est question : si je n'épouse point M. le comte...

SCÈNE XIII

DORANTE, ARAMINTE, DUBOIS.

DUBOIS.

Madame la marquise se porte mieux, madame. (*Il feint de voir Dorante avec surprise.*) Et vous est fort obligée... fort obligée de votre attention.

(*Dorante feint de détourner la tête, pour se cacher de Dubois.*)

ARAMINTE.

Voilà qui est bien.

DUBOIS, *regardant toujours Dorante.*

Madame, on m'a chargé aussi de vous dire un mot qui presse.

ARAMINTE.

De quoi s'agit-il?

DUBOIS.

Il m'est recommandé de ne vous parler qu'en particulier.

ARAMINTE, *à Dorante.*

Je n'ai point achevé ce que je voulais vous dire; laissez-moi, je vous prie, un moment, et revenez.

SCÈNE XIV

ARAMINTE, DUBOIS.

ARAMINTE.

Qu'est-ce que c'est donc que cet air étonné que tu as marqué, ce me semble, en voyant Dorante? D'où vient cette attention à le regarder?

DUBOIS.

Ce n'est rien, sinon que je ne saurais plus avoir l'honneur de servir madame, et qu'il faut que je lui demande mon congé.

ARAMINTE, *surprise.*

Quoi! seulement pour avoir vu Dorante ici?

DUBOIS.

Savez-vous à qui vous avez affaire?

ARAMINTE.

Au neveu de M. Remi, mon procureur.

DUBOIS.

Eh ! par quel tour d'adresse est-il connu de madame? Comment a-t-il fait pour arriver jusqu'ici?

ARAMINTE.

C'est M. Remi qui me l'a envoyé pour in-tendant.

DUBOIS.

Lui, votre intendant! et c'est M. Remi qui vous l'envoie! Hélas! le bon homme, il ne sait pas qui il vous donne; c'est un démon que ce garçon-là.

ARAMINTE.

Mais que signifient tes exclamations? Explique-toi; est-ce que tu le connais?

DUBOIS.

Si je le connais, madame! si je le connais! Ah! vraiment oui; et il me connaît bien aussi. N'avez-vous pas vu comme il se détournait, de peur que je ne le visse?

ARAMINTE.

Il est vrai, et tu me surprends à mon tour. Serait-il capable de quelque mauvaise action, que tu saches? Est-ce que ce n'est pas un honnête homme?

DUBOIS.

Lui! il n'y a pas de plus brave homme dans toute la terre; il a peut-être plus d'honneur à lui tout seul que cinquante honnêtes gens ensemble. Oh! c'est une probité merveilleuse; il n'a peut-être pas son pareil.

ARAMINTE.

Eh ! de quoi peut-il donc être question ?
D'où vient que tu m'alarmes ? En vérité, j'en
suis tout émue.

DUBOIS.

Son défaut, c'est là. (*Il se touche le front.*)
C'est à la tête que son mal le tient.

ARAMINTE.

A la tête ?

DUBOIS.

Oui, il est timbré, mais timbré comme
cent.

ARAMINTE.

Dorante ! il m'a paru de très-bon sens.
Quelle preuve as-tu de sa folie ?

DUBOIS.

Quelle preuve ! il y a six mois qu'il est
tombé fou ; il y a six mois qu'il extravague
d'amour, qu'il en a la cervelle brûlée, qu'il
en est comme un perdu : je dois bien le savoir, car j'étais à lui, je le servais, et c'est
ce qui m'a obligé de le quitter, et c'est ce
qui me force de m'en aller encore. Otez cela,
c'est un homme incomparable.

ARAMINTE, *un peu boudant.*

Oh ! bien, il sera ce qu'il voudra, mais je ne
le garderai pas. On a bien affaire d'un esprit
renversé, et peut-être encore, je gage, pour
quelque objet qui n'en vaut pas la peine ! car
les hommes ont des fantaisies...

DUBOIS.

Ah ! vous m'excuserez : pour ce qui est de
l'objet, il n'y a rien à dire. Malepeste ! sa folie est de bon goût.

ARAMINTE.

N'importe, je veux le congédier. Est-ce que tu la connais, cette personne?

DUBOIS.

J'ai l'honneur de la voir tous les jours: c'est vous, madame.

ARAMINTE.

Moi, dis-tu?

DUBOIS.

Il vous adore; il y a six mois qu'il n'en vit point, qu'il donnerait sa vie pour avoir le plaisir de vous contempler un instant. Vous avez dû voir qu'il a l'air enchanté quand il vous parle.

ARAMINTE.

Il y a bien, en effet, quelque petite chose qui m'a paru extraordinaire. Eh! juste ciel! le pauvre garçon! de quoi s'avise-t-il?

DUBOIS.

Vous ne croiriez pas jusqu'où va sa démence : elle le ruine, elle lui coupe la gorge. Il est bien fait, d'une figure passable, bien élevé et de bonne famille; mais il n'est pas riche; et vous saurez qu'il n'a tenu qu'à lui d'épouser des femmes qui l'étaient, et de fort aimables, ma foi! qui offraient de lui faire sa fortune, et qui auraient mérité qu'on la leur fît à elles-mêmes; il y en a une qui n'en saurait revenir, et qui le poursuit encore tous les jours. Je le sais, car je l'ai rencontrée.

ARAMINTE, *avec négligence.*

Actuellement?

DUBOIS.

Oui, madame, actuellement; une grande

drune très-piquante, et qu'il fuit. Il n'y a pas moyen, monsieur refuse tout. « Je les tromperais, me disait-il; je ne puis les aimer, mon cœur est parti!» ce qu'il disait quelquefois la larme à l'œil; car il sent bien son tort.

ARAMINTE.

Cela est fâcheux. Mais où m'a-t-il vue avant que de venir chez moi, Dubois?

DUBOIS.

Hélas! madame, ce fut un jour que vous sortîtes de l'Opéra qu'il perdit la raison: c'était un vendredi, je m'en ressouviens; oui, un vendredi, il vous vit descendre l'escalier, à ce qu'il me raconta, et vous suivit jusqu'à votre carrosse; il avait demandé votre nom, et je le trouvai qui en était comme extasié; il ne remuait plus.

ARAMINTE.

Quelle aventure !

DUBOIS.

J'eus beau lui crier: « Monsieur! » point de nouvelles; il n'y avait plus personne au logis. A la fin, pourtant, il revint à lui avec un air égaré; je le jetai dans une voiture, et nous retournâmes à la maison. J'espérais que cela se passerait, car je l'aimais. C'est le meilleur maître! Point du tout, il n'y avait plus de ressource : ce bon sens, c'est esprit jovial, cette humeur charmante, vous aviez tout expédié; et, dès le lendemain, nous ne fîmes plus tous deux, lui, que rêver à vous, que vous aimer; moi, qu'épier, depuis le matin jusqu'au soir, où vous alliez.

ARAMINTE.

Tu m'étonnes à un point...

DUBOIS.

Je me fis même ami d'un de vos gens qui n'y est plus; un garçon fort exact, et qui m'instruisait, et à qui je payais bouteille. « C'est à la comédie qu'on va, » me disait-il; et je courais faire mon rapport sur lequel, dès quatre heures, mon homme était à la porte. « C'est chez mademoiselle celle-ci, c'est chez madame celle-là; » et, sur cet avis, nous allions toute la soirée habiter la rue, ne vous déplaise, pour voir madame entrer et sortir, lui dans un fiacre, et moi derrière; tous deux morfondus et gelés, car c'était dans l'hiver; lui, ne s'en souciant guère; moi, jurant par-ci par-là, pour me soulager.

ARAMINTE.

Est-il possible?

DUBOIS.

Oui, madame. A la fin, ce train de vie m'ennuya; ma santé s'altérait, la sienne aussi. Je lui fis accroire que vous étiez à la campagne, il le crut, et j'eus quelque repos : mais n'alla-t-il pas, deux jours après, vous rencontrer aux Tuileries, où il avait été s'attrister de votre absence! Au retour, il était furieux, il voulut me battre, tout bon qu'il est; je ne le voulus point, et je le quittai. Mon bonheur ensuite m'a mis chez madame, où, à force de se démener, je le trouve parvenu à votre intendance; ce qu'il ne troquerait pas contre la place d'un empereur.

ARAMINTE.

Y a-t-il rien de si particulier? Je suis si lasse d'avoir des gens qui me trompent, que je me réjouissais de l'avoir, parce qu'il a de la probité : ce n'est pas que je sois fâchée, car je suis bien au-dessus de cela.

DUBOIS.

Il y aura de la bonté à le renvoyer. Plus il voit madame, plus il s'achève.

ARAMINTE.

Vraiment, je le renverrais bien; mais ce n'est pas là ce qui le guérira. D'ailleurs, je ne sais que dire à M. Remi, qui me l'a recommandé, et ceci m'embarrasse. Je ne vois pas trop comment m'en défaire honnêtement.

DUBOIS.

Oui; mais vous en ferez un incurable, madame.

ARAMINTE, *vivement.*

Oh! tant pis pour lui. Je suis dans des circonstances où je ne saurais me passer d'un intendant; et puis il n'y a pas tant de risque que tu le crois; au contraire, s'il y avait quelque chose qui pût ramener cet homme, c'est l'habitude de me voir plus qu'il n'a fait: ce serait même un service à lui rendre.

DUBOIS.

Oui, c'est un remède bien innocent. Premièrement, il ne vous dira mot; jamais vous n'entendrez parler de son amour.

ARAMINTE.

En es-tu bien sûr?

DUBOIS.

Oh! il ne faut pas en avoir peur; il mourrait plutôt... Il a un respect, une adoration, une humilité pour vous, qui n'est pas concevable. Est-ce que vous croyez qu'il songe à être aimé? Nullement. Il dit que dans l'univers il n'y a personne qui le mérite; il ne veut

que vous voir, vous considérer, regarder vos
yeux, vos grâces, votre belle taille; et puis
c'est tout : il me l'a dit mille fois.

ARAMINTE, *haussant les épaules.*

Voilà qui est bien digne de compassion!
Allons je patienterai quelques jours en attendant que j'en aie un autre. Au surplus, ne
crains rien, je suis contente de toi, je récom-
penserai ton zèle, et je ne veux pas que tu
me quittes ; entends-tu, Dubois?

DUBOIS.

Madame, je vous suis dévoué pour la vie.

ARAMINTE.

J'aurai soin de toi. Surtout qu'il ne sache
pas que je suis instruite; garde un profond
secret, et que tout le monde, jusqu'à Marthon, ignore ce que tu m'as dit : ce sont de
ces choses qui ne doivent jamais percer.

DUBOIS.

Je n'en ai jamais parlé qu'à madame.

ARAMINTE.

Le voici qui revient; va-t'en.

SCÈNE XV

DORANTE, ARAMINTE.

ARAMINTE, *un moment seule.*

La vérité est que voici une confidence dont
je me serais bien passée moi-même.

DORANTE.

Madame, je me rends à vos ordres.

ARAMINTE.

Oui, monsieur; de quoi vous parlais-je? Je l'ai oublié.

DORANTE.

D'un procès avec M. le comte Dorimont.

ARAMINTE.

Je me remets. Je vous disais qu'on veut nous marier.

DORANTE.

Oui, madame. Vous alliez, je crois, ajouter que vous n'étiez pas portée à ce mariage.

ARAMINTE.

Il est vrai. J'avais envie de vous charger d'examiner l'affaire, afin de savoir si je ne risquerais rien à plaider; mais je crois devoir vous dispenser de ce travail: je ne suis pas sûre de pouvoir vous garder.

DORANTE.

Ah! madame, vous avez eu la bonté de me rassurer là-dessus.

ARAMINTE.

Oui; mais je ne faisais pas réflexion que j'ai promis à M. le comte de prendre un intendant de sa main. Vous voyez bien qu'il ne serait pas honnête de lui manquer de parole; et du moins faut-il que je parle à celui qu'il m'amènera.

DORANTE.

Je ne suis pas heureux; rien ne me réussit, et j'aurai la douleur d'être renvoyé.

ARAMINTE, *par faiblesse.*

Je ne dis pas cela; il n'y a rien de résolu là-dessus.

DORANTE.

Ne me laissez point dans l'incertitude où je suis, madame.

ARAMINTE.

Eh ! mais oui ; je tâcherai que vous restiez ; je tâcherai.

DORANTE.

Vous m'ordonnez donc de vous rendre compte de l'affaire en question ?

ARAMINTE.

Attendons : si j'allais épouser le comte, vous auriez pris une peine inutile.

DORANTE.

Je croyais avoir entendu dire à madame qu'elle n'avait point de penchant pour lui.

ARAMINTE.

Pas encore.

DORANTE.

Et, d'ailleurs, votre situation est si tranquille et si douce !

ARAMINTE, *à part.*

Je n'ai pas le courage de l'affliger... Eh bien, oui-dà ; examinez toujours, examinez. J'ai des papiers dans mon cabinet, je vais les chercher. Vous viendrez les prendre, et je vous les donnerai. (*En s'en allant.*) Je n'oserais presque le regarder.

SCÈNE XVI

DORANTE, DUBOIS, *venant d'un air mystérieux,*
et comme passant.

DUBOIS.

Marthon vous cherche pour vous montrer
l'appartement qu'on vous destine. Lubin est
allé boire; j'ai dit que j'allais vous avertir.
Comment vous traite-t-on?

DORANTE.

Qu'elle est aimable! Je suis enchanté. De
quelle façon a-t-elle reçu ce que tu lui as
dit?

DUBOIS, *comme en fuyant.*

Elle opine tout doucement à vous garder par
compassion; elle espère vous guérir par l'habitude de la voir.

DORANTE, *charmé.*

Sincèrement?

DUBOIS.

Elle n'en réchappera point; c'est autant de
pris. Je m'en retourne.

DORANTE.

Reste, au contraire; je crois que voici
Marthon. Dis-lui que madame m'attend pour
me remettre des papiers, et que j'irai la trouver dès que je les aurai.

DUBOIS.

Partez; aussi bien ai-je un petit avis à
donner a Marthon. Il est bon de jeter dans

tous les esprits les soupçons dont nous avons besoin.

SCÈNE XVII

MARTHON, DUBOIS.

MARTHON.

Où donc est Dorante ? Il me semble l'avoir vu avec toi.

DUBOIS, *brusquement.*

Il dit que madame l'attend pour des papiers; il reviendra ensuite. Au reste, qu'est-il nécessaire qu'il voie cet appartement ? S'il n'en voulait pas, il serait bien délicat : pardi ! je lui conseillerais...

MARTHON.

Ce ne sont pas là tes affaires ; je suis les ordres de madame.

DUBOIS.

Madame est bonne et sage ; mais prenez garde : ne trouvez-vous pas que ce petit galant-là fait les yeux doux ?

MARTHON.

Il les fait comme il les a.

DUBOIS.

Je me trompe fort, si je n'ai pas vu la mine de ce freluquet considérer, je ne sais où, celle de madame.

MARTHON.

Eh bien, est-ce qu'on te fâche quand on la trouve belle ?

DUBOIS.

Non; mais je me figure quelquefois qu'il n'est venu ici que pour la voir de plus près.

MARTHON, *riant.*

Ah! ah! quelle idée! Va, tu n'y entends rien, tu t'y connais mal.

DUBOIS, *riant.*

Ah! ah! je suis donc bien sot?

MARTHON, *riant en s'en allant.*

Ah! ah! l'original, avec ses observations!

DUBOIS, *seul.*

Allez, allez, prenez toujours. J'aurai soin de vous les faire trouver meilleures. Allons faire jouer toutes nos batteries.

FIN DU PREMIER ACTE.

ACTE SECOND

ARAMINTE, DORANTE.

DORANTE.

Non, madame, vous ne risquez rien; vous
pouvez plaider en toute sûreté. J'ai même
consulté plusieurs personnes, l'affaire est excellente; et, si vous n'avez que le motif dont
vous parlez pour épouser M. le comte, rien ne
vous oblige à ce mariage.

ARAMINTE.

Je l'affligerai beaucoup, et j'ai de la peine
à m'y résoudre.

DORANTE.

Il ne serait pas juste de vous sacrifier à la
crainte de l'affliger.

ARAMINTE.

Mais avez-vous bien examiné? Vous me di-
siez tantôt que mon état était doux et tranquille : n'aimeriez-vous pas mieux que j'y
restasse? N'êtes-vous pas un peu trop pré-
venu contre le mariage, et, par conséquent,
contre M. le comte?

DORANTE.

Madame, j'aime mieux vos intérêts que les

siens, et que ceux de qui que ce soit au
monde. *to the world*

ARAMINTE.

Je ne saurais y trouver à redire. En tout
cas, si je l'épouse et qu'il veuille en mettre
un autre ici à votre place, vous n'y perdrez
point; je vous promets de vous en trouver une meilleure.

DORANTE, *tristement.*

Non, madame: si j'ai le malheur de perdre
celle-ci, je ne serai plus à personne : et apparemment que je la perdrai; je m'y attends.

ARAMINTE.

Je crois pourtant que je plaiderai : nous
verrons.

DORANTE.

J'avais encore une petite chose à vous dire,
madame. Je viens d'apprendre que le con-
cierge d'une de vos terres est mort : on pourrait y mettre un de vos gens ; et j'ai songé
à Dubois, que je remplacerai ici par un domestique dont je réponds.

ARAMINTE.

Non ; envoyez plutôt votre homme au château, et laissez-moi Dubois : c'est un garçon
de confiance qui me sert bien, et que je veux
garder. A propos, il m'a dit, ce me semble,
qu'il avait été à vous quelque temps.

DORANTE, *feignant un peu d'embarras.*

Il est vrai, madame, il est fidèle, mais peu
exact. Rarement, au reste, ces gens-là par-
lent-ils bien de ceux qu'ils ont servis. Ne me
nuirait-il point dans votre esprit ?

ARAMINTE, *négligemment.*

Celui-ci dit beaucoup de bien de vous, et voilà tout. Que me veut M. Remi?

SCÈNE II

ARAMINTE, DORANTE, M. REMI.

M. REMI.

Madame, je suis votre très-humble serviteur. Je viens vous remercier de la bonté que vous avez eue de prendre mon neveu à ma recommandation.

ARAMINTE.

Je n'ai pas hésité, comme vous l'avez vu.

M. REMI.

Je vous rends mille grâces. Ne m'aviez-vous pas dit qu'on vous en offrait un autre?

ARAMINTE.

Oui, monsieur.

M. REMI.

Tant mieux; car je viens vous demander celui-ci pour une affaire d'importance.

DORANTE, *d'un air de refus.*

Et d'où vient monsieur?

M. REMI.

Patience.

ARAMINTE.

Mais, monsieur Remi, ceci est un peu vif; vous prenez assez mal votre temps; et j'ai refusé l'autre personne.

DORANTE.

Pour moi, je ne sortirai jamais de chez madame qu'elle ne me congédie.

M. REMI, *brusquement.*

Vous ne savez ce que vous dites. Il faut pourtant sortir; vous allez voir. Tenez, madame, jugez-en vous-même; voici de quoi il est question. C'est une dame de trente-cinq ans, qu'on dit jolie femme, estimable, et de quelque distinction; qui ne déclare pas son nom; qui dit que j'ai été son procureur; qui a quinze mille livres de rente pour le moins, ce qu'elle prouvera; qui a vu monsieur chez moi, qui lui a parlé, qui sait qu'il n'a pas de bien, et qui offre de l'épouser sans délai : et la personne qui est venue chez moi de sa part doit revenir tantôt pour savoir la réponse, et vous mener tout de suite chez elle. Cela est-il net? Y a-t-il à se consulter là-dessus? Dans deux heures, il faut être au logis. Ai-je tort, madame?

ARAMINTE, *froidement.*

C'est à lui de répondre.

M. REMI.

Eh bien, à quoi pense-t-il donc? Viendrez-vous?

DORANTE.

Non, monsieur; je ne suis pas dans cette disposition-là.

M. REMI.

Hum!... Quoi! entendez-vous ce que je vous dis, qu'elle a quinze mille livres de rente; entendez-vous?

DORANTE.

Oui, monsieur; mais, en eût-elle vingt fois

davantage, je ne l'épouserais pas; nous ne serions heureux ni l'un ni l'autre : j'ai le cœur pris; j'aime ailleurs.

M. REMI, *d'un ton railleur, et traînant ses mots.*

« J'ai le cœur pris ! » Voilà qui est fâcheux. Ah ! ah ! le cœur est admirable ! Je n'aurais jamais deviné la beauté des scrupules de ce cœur-là, qui veut qu'on reste intendant de la maison d'autrui, pendant qu'on peut l'être de la sienne. Est-ce là votre dernier mot, berger fidèle?

DORANTE.

Je ne saurais changer de sentiment, monsieur.

M. REMI.

Oh ! le sot cœur ! Mon neveu, vous êtes un imbécile, un insensé; et je tiens celle que vous aimez pour une guenon, si elle n'est pas de mon sentiment. N'est-il pas vrai, madame, et ne le trouvez-vous pas extravagant?

ARAMINTE, *doucement.*

Ne le querellez point. Il paraît avoir tort, j'en conviens.

M. REMI, *vivement.*

Comment! madame, il paraît...

ARAMINTE.

Dans sa façon de penser, je l'excuse. Voyez pourtant, Dorante; tâchez de vaincre votre penchant, si vous pouvez : je sais bien que cela est difficile.

DORANTE.

Il n'y a pas de moyen, madame; mon amour m'est plus cher que ma vie.

M. REMI, *d'un air étonné.*

Ceux qui aiment les beaux sentiments doivent être contents ; en voilà un des plus curieux qui se fassent. Vous trouvez donc cela raisonnable, madame ?

ARAMINTE.

Je vous laisse, parlez-lui vous-même. (*A part.*) Il me touche tant, qu'il faut que je m'en aille.

(*Elle sort.*)

DORANTE, *à part.*

Il ne croit pas si bien me servir.

SCÈNE III

DORANTE, M. REMI, MARTHON.

M. REMI, *regardant son neveu.*

Dorante, sais-tu bien qu'il n'y a point de fou, aux Petites-Maisons, de ta force ? (*Marthon arrive.*) Venez, mademoiselle Marthon.

MARTHON.

Je viens d'apprendre que vous étiez ici.

M. REMI.

Dites-nous un peu votre sentiment : que pensez-vous de quelqu'un qui n'a point de bien, et qui refuse d'épouser une honnête et fort jolie femme, avec quinze mille livres de rente bien venant ?

MARTHON.

Votre question est bien aisée à décider : ce quelqu'un rêve.

M. REMI, *montrant Dorante.*

Voilà le rêveur; et, pour excuse, il allègue
son cœur, que vous avez pris; mais, comme
apparemment il n'a pas encore emporté le
vôtre, et que je vous crois encore à peu près
dans tout votre bon sens, vu le peu de temps
qu'il y a que vous le connaissez, je vous prie
de m'aider à le rendre plus sage. Assurément,
vous êtes fort jolie, mais vous ne le dispute-
rez point à un pareil établissement : il n'y a
point de beaux yeux qui vaillent ce prix-là.

MARTHON.

Quoi, monsieur Remi! c'est de Dorante que
vous parlez? c'est pour se garder à moi qu'il
refuse d'être riche?

M. REMI.

Tout juste; et vous êtes trop généreuse
pour le souffrir.

MARTHON, *avec un air de passion.*

Vous vous trompez, monsieur; je l'aime
trop moi-même pour l'en empêcher, et je suis
enchantée. Ah! Dorante, que je vous estime!
Je n'aurais pas cru que vous m'aimassiez
tant.

M. REMI.

Courage! je ne fais que vous le montrer, et
vous en êtes déjà coiffée! Pardi! le cœur
d'une femme est bien étonnant; le feu y
prend bien vite.

MARTHON, *comme chagrine.*

Eh! monsieur, faut-il tant de bien pour être
heureux? Madame, qui a tant de bonté pour
moi, suppléera en partie, par sa générosité,
à ce qu'il me sacrifie. Que je vous ai d'obligation, Dorante!

DORANTE.

Oh ! non, mademoiselle, aucune : vous n'avez point de gré à me savoir de ce que je fais ; je me livre à mes sentiments, et ne regarde que moi là dedans ; vous ne me devez rien, je ne pense pas à votre reconnaissance.

MARTHON.

Vous me charmez : que de délicatesse ! Il n'y a encore rien de si tendre que ce que vous me dites.

M. REMI.

Par ma foi, je ne m'y connais donc guère, car je le trouve bien plat. (*A Marthon.*) Adieu, la belle enfant : je ne vous aurais, ma foi, pas évaluée ce qu'il vous achète. Serviteur, idiot ! garde ta tendresse, et moi ma succession.

                        (*Il sort.*)

MARTHON.

Il est en colère ; mais nous l'apaiserons.

DORANTE.

Je l'espère. Quelqu'un vient.

MARTHON.

C'est le comte, celui dont je vous ai parlé, et qui doit épouser madame.

DORANTE.

Je vous laisse donc ; il pourrait me parler de son procès ; vous savez ce que je vous ai dit là-dessus, et il est inutile que je le voie

SCÈNE IV

LE COMTE, MARTHON.

LE COMTE.

Bonjour, Marthon.

MARTHON.

Vous voilà donc revenu, monsieur?

LE COMTE.

Oui : on m'a dit qu'Araminte se promenait dans le jardin, et je viens d'apprendre de sa mère une chose qui me chagrine. Je lui avais retenu un intendant qui devait aujourd'hui entrer chez elle, et cependant elle en a pris un autre qui ne plaît point à la mère, et dont nous n'avons rien à espérer.

MARTHON.

Nous n'en devons rien craindre non plus, monsieur. Allez, ne vous inquiétez point, c'est un galant homme : et si la mère n'en est pas contente, c'est un peu de sa faute; elle a débuté tantôt par le brusquer d'une manière si outrée, l'a traité si mal, qu'il n'est pas étonnant qu'elle ne l'ait pas gagné. Imaginez-vous qu'elle l'a querellé de ce qu'il était bien fait.

LE COMTE.

Ne serait-ce point lui que je viens de voir sortir d'avec vous?

MARTHON.

Lui-même.

LE COMTE.

Il a bonne mine, en effet, et n'a pas trop
l'air de ce qu'il est.

MARTHON.

Pardonnez-moi, monsieur, car il est honnête homme.

LE COMTE.

N'y aurait-il pas moyen de raccommoder
cela? Araminte ne me hait pas, je pense,
mais elle est lente à se déterminer; et, pour
achever de la résoudre, il ne s'agirait plus
que de lui dire que le sujet de notre discussion est douteux pour elle; elle ne voudra pas
soutenir l'embarras d'un procès. Parlons à cet
intendant : s'il ne faut que de l'argent pour
le mettre dans nos intérêts, je ne l'épargnerai
pas.

MARTHON.

Oh ! non, ce n'est point un homme à mener
par là; c'est le garçon de France le plus dés-
intéressé.

LE COMTE.

Tant pis ! ces gens-là ne sont bons à rien.

MARTHON.

Laissez-moi faire.

SCÈNE V

LE COMTE, LUBIN, MARTHON.

LUBIN.

Mademoiselle, voilà un homme qui en demande un autre : savez-vous qui c'est?

MARTHON, *brusquement.*

Et qui est cet autre? A quel homme en veut-il?

LUBIN.

Ma foi, je n'en sais rien; c'est de quoi je m'informe à vous.

MARTHON.

Fais-le entrer.

LUBIN, *le faisant sortir des coulisses.*

Hé! le garçon! venez ici dire votre affaire.

SCÈNE VI

LE COMTE, LE GARÇON, MARTHON, LUBIN.

MARTHON.

Qui cherchez-vous?

LE GARÇON.

Mademoiselle, je cherche un certain monsieur à qui j'ai à rendre un portrait avec une boîte qu'il nous a fait faire. Il nous a dit qu'on ne la remit qu'à lui-même, et qu'il viendrait la prendre; mais, comme mon père est obligé de partir demain pour un petit voyage, il m'a envoyé pour la lui rendre, et on m'a dit que je saurais de ses nouvelles ici. Je le connais de vue, mais je ne sais pas son nom.

MARTHON.

N'est-ce pas vous, monsieur le comte?

LE COMTE.

Non, sûrement.

LE GARÇON.

Je n'ai point affaire à monsieur, mademoiselle; c'est une autre personne.

MARTHON.

Et chez qui vous a-t-on dit que vous le trouveriez?

LE GARÇON.

Chez un procureur qui s'appelle M. Remi.

LE COMTE.

Ah! n'est-ce pas le procureur de madame? Montrez-nous la boîte.

LE GARÇON.

Monsieur, cela m'est défendu; je n'ai ordre de la donner qu'à celui à qui elle est; le portrait de la dame est dedans.

LE COMTE.

Le portrait d'une dame! Qu'est-ce que cela signifie? Serait-ce celui d'Araminte? Je vais tout à l'heure savoir ce qu'il en est.

SCÈNE VII

MARTHON, LE GARÇON.

MARTHON.

Vous avez mal fait de parler de ce portrait devant lui. Je sais qui vous cherchez; c'est le neveu de M. Remi, de chez qui vous venez.

LE GARÇON.

Je le crois aussi, mademoiselle.

MARTHON.

Un grand homme, qui s'appelle M. Dorante.

LE GARÇON.

Il me semble que c'est son nom.

MARTHON.

Il me l'a dit; je suis dans sa confidence.
Avez-vous remarqué le portrait?

LE GARÇON.

Non; je n'ai pas pris garde à qui il ressemble.

MARTHON.

Eh bien, c'est de moi qu'il s'agit. M. Dorante n'est pas ici et ne reviendra pas sitôt.
Vous n'avez qu'à me remettre la boîte; vous
le pouvez en toute sûreté; vous lui ferez même plaisir. Vous voyez que je suis au fait.

LE GARÇON.

C'est ce qui me paraît. La voilà, mademoiselle. Ayez donc, je vous prie, le soin de la
lui rendre, quand il sera venu.

MARTHON.

Oh ! je n'y manquerai pas.

LE GARÇON.

Il y a encore une bagatelle qu'il doit dessus; mais je tâcherai de repasser tantôt, et,
s'il n'y était pas, vous auriez la bonté d'a-
chever de payer.

MARTHON.

Sans difficulté. Allez. (A part.) Voici Dorante. (Au garçon.) Retirez-vous vite.

SCÈNE VIII

MARTHON, DORANTE.

MARTHON, *un moment seule et joyeuse.*

Ce ne peut être que mon portrait. Le charmant homme! M. Remi a raison de dire qu'il y avait quelque temps qu'il me connaissait.

DORANTE.

Mademoiselle, n'avez-vous pas vu ici quelqu'un qui vient d'arriver? Lubin croit que c'est moi qu'il demande.

MARTHON, *le regardant avec tendresse.*

Que vous êtes aimable, Dorante! Je seràis bien injuste de ne vous pas aimer. Allez, soyez en repos; l'ouvrier est venu, je lui ai parlé, j'ai la boîte, je la tiens.

DORANTE.

J'ignore...

MARTHON.

Point de mystère; je la tiens, vous dis-je, et je ne m'en fâche pas. Je vous la rendrai quand je l'aurai vue. Retirez-vous, voici madame, avec sa mère et le comte; c'est peut-être de cela qu'ils s'entretiennent. Laissez-moi les calmer là-dessus, et ne les attendez pas.

DORANTE, *en s'en allant, et riant.*

Tout a réussi; elle prend le change à merveille.

SCÈNE IX

β.

ARAMINTE, LE COMTE, Madame ARGANTE, MARTHON.

ARAMINTE.

Marthon, qu'est-ce que c'est qu'un portrait dont monsieur le comte me parle, qu'on vient d'apporter ici à quelqu'un qu'on ne nomme pas, et qu'on soupçonne être le mien ? Instruisez-moi de cette histoire-là.

MARTHON, *d'un air rêveur.*

Ce n'est rien, madame ; je vous dirai ce que c'est : je l'ai démêlé après que M. le comte a été parti. Il n'a que faire de s'alarmer : il n'y a rien là qui vous intéresse.

LE COMTE.

Comment le savez-vous, mademoiselle ? Vous n'avez point vu le portrait.

MARTHON.

N'importe ; c'est tout comme si je l'avais vu. Je sais qui il regarde ; n'en soyez point en peine.

LE COMTE.

Ce qu'il y a de certain, c'est un portrait de femme, et c'est ici qu'on vient chercher la personne qui l'a fait faire, à qui on doit le rendre ; et ce n'est pas moi.

MARTHON.

D'accord. Mais quand je vous dis que madame n'y est pour rien, ni vous non plus...

ARAMINTE.

Eh bien. si vous êtes instruite, dites-nous donc de quoi il est question; car je veux le savoir. On a des idées qui ne me plaisent point, parlez.

MADAME ARGANTE.

Oui, ceci a un air de mystère qui est désagréable. Il ne faut pourtant pas vous fâcher, ma fille : M. le comte vous aime, et un peu de jalousie, même injuste, ne messied pas à un amant.

LE COMTE.

Je ne suis jaloux que de l'inconnu qui ose se donner le plaisir d'avoir le portrait de madame.

ARAMINTE, *vivement.*

Comme il vous plaira, monsieur; mais j'ai entendu ce que vous vouliez dire, et je crains un peu ce caractère d'esprit-là. Eh bien, Marthon?

MARTHON.

Eh bien, madame, voilà bien du bruit! C'est mon portrait.

LE COMTE.

Votre portrait?

MARTHON.

Oui, le mien. Et pourquoi non, s'il vous plaît? Il ne faut pas tant se récrier.

MADAME ARGANTE.

Je suis assez comme M. le comte; la chose me paraît singulière.

MARTHON.

Ma foi, madame. sans vanité, on en peint

tous les jours, et des plus huppées, qui ne me valent pas.

ARAMINTE.

Et qui est-ce qui a fait cette dépense-là pour vous ?

MARTHON.

Un très-aimable homme, qui m'aime, qui a de la délicatesse et des sentiments, et qui me recherche ; et, puisqu'il faut vous le nommer, c'est Dorante.

ARAMINTE.

Mon intendant ?

MARTHON.

Lui-même.

MADAME ARGANTE.

Le fat ! avec ses sentiments.

ARAMINTE, brusquement.

Eh ! vous nous trompez : depuis qu'il est ici, a-t-il eu le temps de vous faire peindre ?

MARTHON.

Mais ce [n'est pas d'aujourd'hui qu'il me connaît.

ARAMINTE, vivement.

Donnez donc.

MARTHON.

Je n'ai pas encore ouvert la boîte, mais c'est moi que vous allez voir.

(Araminte l'ouvre ; tous regardent.)

LE COMTE.

Eh ! je m'en doutais bien : c'est madame.

MARTHON.

Madame? Il est vrai, et me voilà bien loin
de mon compte. (*A part.*) Dubois avait raison
tantôt.

ARAMINTE, *à part.*

Et moi, je vois clair. (*A Marthon.*) Par quel
hasard avez-vous cru que c'était vous?

MARTHON.

Ma foi, madame, toute autre que moi s'y
serait trompée. M. Remi me dit que son neveu m'aime, qu'il veut nous marier ensemble; Dorante est présent, et ne dit point non;
il refuse devant moi un très-riche parti;
l'oncle s'en prend à moi, me dit que j'en suis
cause. Ensuite vient un homme qui apporte
ce portrait, qui vient chercher celui à qui il
appartient; je l'interroge : à tout ce qu'il répond, je reconnais Dorante. C'est un petit
portrait de femme; Dorante m'aime jusqu'à
refuser sa fortune pour moi : je conclus donc
que c'est moi qu'il a fait peindre. Ai-je eu
tort? J'ai pourtant mal conclu. J'y renonce;
tant d'honneur ne m'appartient point. Je
crois voir toute l'étendue de ma méprise, et
je me tais.

ARAMINTE.

Ah ! ce n'est pas là une chose bien difficile
à deviner. Vous faites le fâché, l'étonné,
monsieur le comte; il y a eu quelque mal-
entendu dans les mesures que vous avez prises : mais vous ne m'abusez point, c'est à
vous qu'on apportait le portrait. Un homme
dont on ne sait pas le nom, qu'on vient chercher ici, c'est vous, monsieur, c'est vous.

MARTHON, *d'un air sérieux.*

Je ne crois pas.

MADAME ARGANTE.

Oui, oui, c'est monsieur. A quoi bon vous
en défendre? Dans les termes où vous en
êtes avec ma fille, ce n'est pas là un si grand
crime : allons, convenez-en.

LE COMTE, *froidement*.

Non, madame, ce n'est point moi, sur mon
honneur : je ne connais pas ce M. Remi; comment aurait-on dit chez lui qu'on aurait de
mes nouvelles ici? Cela ne se peut pas.

MADAME ARGANTE, *d'un air pensif*.

Je ne faisais pas attention à cette circonstance.

ARAMINTE.

Bon! qu'est-ce que c'est qu'une circonstance
de plus ou de moins? Je n'en rabats rien. Quoi
qu'il en soit, je le garde; personne ne l'aura.
Mais quel bruit entendons-nous? Voyez ce
que c'est, Marthon.

SCÈNE X

ARAMINTE, LE COMTE, MADAME ARGANTE,
MARTHON, DUBOIS, LUBIN.

LUBIN, *en entrant, à Dubois*.

Tu es un plaisant magot!

MARTHON.

A qui en avez-vous donc, vous autres?

DUBOIS.

Si je disais un mot, ton maître sortirait bien
vite.

LUBIN.

Toi? Nous nous soucions de toi et de toute ta race de canailles comme de cela.

DUBOIS.

Comme je te bâtonnerais, sans le respect de madame !

LUBIN.

Arrive, arrive ! la voilà madame.

ARAMINTE.

Quel sujet avez-vous donc de quereller? de quoi s'agit-il?

MADAME ARGANTE.

Approchez, Dubois. Apprenez-nous ce que c'est que ce mot que vous diriez contre Dorante; il serait bon de savoir ce que c'est.

LUBIN.

Prononce donc ce mot.

ARAMINTE.

Tais-toi, laisse-le parler.

DUBOIS.

Il y a une heure qu'il me dit mille invectives, madame.

LUBIN.

Je soutiens les intérêts de mon maître, je tire des gages pour cela, et je ne souffrirai pas qu'un ostrogoth menace mon maître d'un mot : j'en demande justice à madame.

MADAME ARGANTE.

Mais, encore une fois, sachons ce que veut dire Dubois par ce mot : c'est le plus pressé.

LUBIN.

Je lui défie d'en dire seulement une
lettre.

DUBOIS.

C'est par pure colère que j'ai fait cette menace, madame, et voici la cause de la dispute.
En arrangeant l'appartement de M. Dorante,
j'y ai vu par hasard un tableau où madame
est peinte, et j'ai cru qu'il fallait l'ôter, qu'il
n'avait que faire là, qu'il n'était point décent
qu'il y restât ; de sorte que j'ai été pour le
détacher : ce butor est venu pour m'en empêcher, et peu s'en est fallu que nous ne nous
soyons battus.

LUBIN.

Sans doute : de quoi t'avises-tu d'ôter ce
tableau, qui est tout à fait gracieux, que mon
maître considérait, il n'y avait qu'un moment,
avec toute la satisfaction possible ; car je
l'avais vu qui l'avait contemplé de tout son
cœur. Et il prend fantaisie à ce brutal de le
priver d'une peinture qui réjouit cet honnête
homme. Voyez la malice ! Ote-lui quelque autre meuble, s'il en a trop ; mais laisse-lui
cette pièce, animal.

DUBOIS.

Et moi, je te dis qu'on ne la laissera point,
que je la détacherai moi-même, que tu en
auras le démenti, et que madame le voudra
ainsi.

ARAMINTE.

Eh ! que m'importe ! Il était bien nécessaire de faire ce bruit-là pour un vieux tableau qu'on a mis là par hasard, et qui y est
resté ! Laissez-nous. Cela vaut-il la peine qu'on
en parle ?

MADAME ARGANTE, *d'un ton aigre.*

Vous m'excuserez, ma fille; ce n'est point
là sa place, et il n'y a qu'à l'ôter: votre intendant se passera bien de ses contemplations.

ARAMINTE, *souriant d'un air railleur.*

Oh ! vous avez raison; je ne pense pas qu'il
les regrette. (*A Lubin et à Dubois.*) Retirez-
vous tous deux.

SCÈNE XI

ARAMINTE, LE COMTE, MADAME ARGANTE, MARTHON.

LE COMTE, *d'un ton railleur.*

Ce qui est sûr, c'est que cet homme d'af-
faires-là est de bon goût.

ARAMINTE, *ironiquement.*

Oui, la réflexion est juste. Effectivement,
il est fort extraordinaire qu'il ait jeté les yeux
sur ce tableau.

MADAME ARGANTE.

Cet homme-là ne m'a jamais plu un instant,
ma fille ! vous le savez, j'ai le coup d'œil assez bon, et je ne l'aime pas. Croyez-moi, vous
avez entendu la menace que Dubois a faite
en parlant de lui : j'y reviens encore; il faut
qu'il ait quelque chose à en dire. Interrogez-
le; sachons ce que c'est : je suis persuadée
que ce petit monsieur-là ne vous convient
point; nous le voyons tous, il n'y a que vous
qui n'y prenez pas garde.

MARTHON, *négligemment.*

Pour moi, je n'en suis pas contente.

ARAMINTE, *riant ironiquement.*

Qu'est-ce donc que vous voyez et que je ne vois point? Je manque de pénétration: j'avoue que je m'y perds. Je ne vois pas le sujet de me défaire d'un homme qui m'est donné de bonne main, qui est un homme de quelque chose, qui me sert bien, et que trop bien peut-être : voilà ce qui n'échappe pas à ma pénétration, par exemple.

MADAME ARGANTE.

Que vous êtes aveugle!

ARAMINTE, *d'un air souriant.*

Pas tant; chacun a ses lumières. Je consens, au reste, d'écouter Dubois; le conseil est bon, et je l'approuve. Allez, Marthon, allez lui dire que je veux lui parler. S'il me donne des motifs raisonnables de renvoyer cet intendant assez hardi pour regarder un tableau, il ne restera pas longtemps chez moi; sans quoi, on aura la bonté de trouver bon que je le garde, en attendant qu'il me déplaise à moi.

MADAME ARGANTE, *vivement.*

Eh bien, il vous déplaira; je ne vous en dis pas davantage, en attendant de plus fortes preuves.

LE COMTE.

Quant à moi, madame, j'avoue que j'ai craint qu'il ne me servît mal auprès de vous, qu'il ne vous inspirât l'envie de plaider; et j'ai souhaité par pure tendresse qu'il vous en détournât. Il aura pourtant beau faire, je déclare que je renonce à tout procès avec vous, que je ne veux pour arbitre de notre succession que vous et vos gens d'affaires, et que

j'aime mieux perdre tout que de rien dis-
puter.

MADAME ARGANTE, *d'un ton décisif.*

Mais où serait la dispute? Le mariage ter-
minerait tout, et le vôtre est comme arrêté.

LE COMTE.

Je garde le silence sur Dorante; je reviendrai simplement voir ce que vous pensez de
lui, et, si vous le congédiez, comme je le
présume, il ne tiendra qu'à vous de prendre
celui que je vous offrais, et que je retiendrai
encore quelque temps.

MADAME ARGANTE.

Je ferai comme monsieur, je ne vous par-
lerai plus de rien non plus; vous m'accuseriez
de vision, et votre entêtement finira sans notre secours. Je compte beaucoup sur Dubois
que voici, et avec lequel nous vous laissons.

SCÈNE XII

DUBOIS, ARAMINTE.

DUBOIS.

On m'a dit que vous vouliez me parler, madame.

ARAMINTE.

Viens ici. Tu es bien imprudent, Dubois,
bien indiscret; moi qui ai si bonne opinion
de toi, tu n'as guère d'attention pour ce que
je te dis. Je t'avais recommandé de te taire
sur le chapitre de Dorante; tu en sais les con-
séquences ridicules, et tu me l'avais promis:
pourquoi donc avoir prise, sur ce misérable

tableau, avec un sot qui fait un vacarme
épouvantable, et qui vient ici tenir des discours tout propres à donner des idées que je
serais au désespoir qu'on eût?

DUBOIS.

Ma foi, madame, j'ai cru la chose sans con-
séquence, et je n'ai agi, d'ailleurs, que par
un mouvement de respect et de zèle.

ARAMINTE, *d'un air vif.*

Eh! laisse là ton zèle : ce n'est pas là celui
que je veux, ni celui qu'il me faut; c'est ton
silence dont j'ai besoin pour me tirer de l'embarras où je suis, et où tu m'as jetée toi-
même; car, sans toi, je ne saurais pas que
cet homme-là m'aime, et je n'aurais que faire
d'y regarder de si près.

DUBOIS.

J'ai bien senti que j'avais tort.

ARAMINTE.

Passons encore pour la dispute; mais pourquoi s'écrier : « Si je disais un mot? » Y a-t-il
rien de plus mal à toi?

DUBOIS.

C'est encore une suite de ce zèle mal entendu.

ARAMINTE.

Eh bien, tais-toi donc, tais-toi; je voudrais
pouvoir te faire oublier ce que tu m'as dit.

DUBOIS.

Oh! je suis bien corrigé.

ARAMINTE.

C'est ton étourderie qui me force actuellement de te parler, sous prétexte de t'interro

ger sur ce que tu sais de lui. Ma mère et
M. le comte s'attendent que tu vas m'en apprendre des choses étonnantes : quel rapport
leur ferai-je à présent?

DUBOIS.

Ah! il n'y a rien de plus facile à raccommoder. Ce rapport sera que des gens qui le con-
naissent m'ont dit que c'était un homme incapable de l'emploi qu'il a chez vous, quoi-
qu'il soit fort habile au moins; ce n'est pas
cela qui lui manque.

ARAMINTE.

A la bonne heure; mais il y aura un inconvénient. S'il en est incapable, on me dira de
le renvoyer, et il n'est pas encore temps. J'y
ai pensé depuis; la prudence ne le veut pas,
et je suis obligée de prendre des biais, et d'aller tout doucement avec cette passion si ex-
cessive que tu dis qu'il a, et qui éclaterait
peut-être dans sa douleur. Me fierais-je à un
désespéré? Ce n'est plus le besoin que j'ai de
lui qui me retient, c'est moi que je ménage
(*elle radoucit le ton*), à moins que ce qu'a dit
Marthon ne soit vrai, auquel cas je n'aurais
plus rien à craindre. Elle prétend qu'il l'a-
vait déjà vue chez M. Remi, et que le procureur a dit même devant lui qu'il l'aimait
depuis longtemps, et qu'il fallait qu'ils se
mariassent : je le voudrais.

DUBOIS.

Bagatelle ! Dorante n'a vu Marthon ni de
près ni de loin; c'est le procureur qui a dé-
bité cette fable-là à Marthon, dans le dessein
de les marier ensemble. « Et moi, je n'ai pas
osé l'en dédire, m'a dit Dorante, parce que
j'aurais indisposé contre moi cette fille, qui a
du crédit auprès de sa maîtresse, et qui a cru

ensuite que c'était pour elle que je refusais
les quinze mille livres de rente qu'on m'offrait. »

ARAMINTE, *négligemment.*

Il t'a donc tout conté?

DUBOIS.

Oui, il n'y a qu'un moment dans le jardin,
où il a voulu presque se jeter à mes genoux
pour me conjurer de lui garder le secret sur sa
passion, et d'oublier l'emportement qu'il eut
avec moi quand je le quittai. Je lui ai dit que
je me tairais, mais que je ne prétendais pas
rester dans la maison avec lui, et qu'il fallait
qu'il sortît; ce qui l'a jeté dans des gémisse-
ments, dans des pleurs, dans le plus triste
état du monde.

ARAMINTE.

Eh ! tant pis : ne le tourmente point. Tu
vois bien que j'ai raison de dire qu'il faut aller doucement avec cet esprit-là; tu le vois
bien. J'augurais beaucoup de ce mariage
avec Marthon; je croyais qu'il m'oublierait,
et point du tout, il n'est question de rien.

DUBOIS, *comme s'en allant.*

Pure fable!... Madame a-t-elle encore quelque chose à me dire ?

ARAMINTE.

Attends : comment faire ? Si, lorsqu'il me
parle, il me mettait en droit de me plaindre
de lui ! mais il ne lui échappe rien ; je ne sais
rien de son amour que ce que tu m'en dis, et
je ne suis pas assez fondée pour le renvoyer.
Il est vrai qu'il me fâcherait, s'il parlait; mais
il serait à propos qu'il me fâchât.

DUBOIS.

Vraiment, oui; M. Dorante n'est point digne de madame. S'il était dans une plus grande fortune, comme il n'y a rien à dire à ce qu'il est né, ce serait une autre affaire; mais il n'est riche qu'en mérite, et ce n'est pas assez.

ARAMINTE, *d'un ton comme triste.*

Vraiment, non; voilà les usages : je ne sais pas comment je le traiterai; je n'en sais rien, je verrai.

DUBOIS.

Eh bien, madame a un si beau prétexte... Et ce portrait que Marthon a cru être le sien, à ce qu'elle m'a dit.

ARAMINTE.

Eh ! non, je ne saurais l'en accuser; c'est le comte qui l'a fait faire.

DUBOIS.

Point du tout : c'est de Dorante, je le sais de lui-même; et il y travaillait encore il n'y a que deux mois, lorsque je le quittai.

ARAMINTE.

Va-t'en; il y a longtemps que je te parle. Si on me demande ce que tu m'as appris de lui, je dirai ce dont nous sommes convenus. Le voici; j'ai envie de lui tendre un piége.

DUBOIS.

Oui, madame; il se déclarera peut-être, et tout de suite je lui dirai : « Sortez. »

ARAMINTE.

Laisse-nous.

SCÈNE XIII

DORANTE, ARAMINTE, DUBOIS.

DUBOIS, *sortant, et en passant auprès de Dorante, et rapidement.*

Il m'est impossible de l'instruire; mais, qu'il se découvre ou non, les choses ne peuvent aller que bien.

DORANTE.

Je viens, madame, vous demander votre protection; je suis dans le chagrin et dans l'inquiétude : j'ai tout quitté pour avoir l'honneur d'être à vous; je vous suis plus attaché que je ne puis le dire ; on ne saurait vous servir avec plus de fidélité et de désintéressement; et cependant je ne suis pas sûr de rester ! Tout le monde ici m'en veut, me persécute, et conspire pour me faire sortir. J'en suis consterné ; je tremble que vous ne cédiez à leur inimitié pour moi, et j'en serais dans la dernière affliction.

ARAMINTE, *d'un ton doux.*

Tranquillisez-vous; vous ne dépendez point de tous ceux qui vous en veulent : ils ne vous ont encore fait aucun tort dans mon esprit, et tous leurs petits complots n'aboutiront à rien ; je suis la maîtresse.

DORANTE, *d'un air inquiet.*

Je n'ai que votre appui, madame.

ARAMINTE.

Il ne vous manquera pas; mais je vous conseille une chose: ne leur paraissez pas

si alarmé, vous leur feriez douter de votre
capacité, et il leur semblerait que vous m'auriez beaucoup d'obligation de ce que je vous
garde.

DORANTE.

Ils ne se tromperaient pas, madame ; c'est
une bonté qui me pénètre de reconnaissance.

ARAMINTE.

A la bonne heure ; mais il n'est pas nécessaire qu'ils le croient. Je vous sais bon
gré de votre attachement et de votre fidélité,
mais dissimulez-en une partie ; c'est peut-
être ce qui les indispose contre vous. Vous
leur avez refusé de m'en faire accroire sur
le chapitre du procès ; conformez-vous à ce
qu'ils exigent ; regagnez-les par là, je vous
le permets : l'événement leur persuadera que
vous les avez bien servis ; car, toute réflexion faite, je suis déterminée à épouser le
comte.

DORANTE, *d'un ton ému.*

Déterminée, madame ?

ARAMINTE.

Oui, tout à fait résolue : le comte croira que
vous y avez contribué ; je lui dirai même et
je vous garantis que vous resterez ici ; je
vous le promets. (*A part.*) Il change de cou-
leur.

DORANTE.

Quelle différence pour moi, madame !

ARAMINTE, *d'un air délibéré.*

Il n'y en aura aucune : ne vous embarrassez pas, et écrivez le billet que je vais vous
dicter ; il y a tout ce qu'il faut sur cette
table.

DORANTE.

Et pour qui, madame?

ARAMINTE.

Pour le comte, qui est sorti d'ici, extrêmement inquiet, et que je vais surprendre bien
agréablement par le petit mot que vous allez
lui écrire en mon nom.

*Dorante reste rêveur, et, par distraction,
ne va point à la table.*

DORANTE, *toujours distrait.*

Oui, madame.

ARAMINTE, *à part, pendant qu'il se place.*

Il ne sait ce qu'il fait. Voyons si cela conti-
nuera.

DORANTE, *cherchant du papier.*

Ah! Dubois m'a trompé!

ARAMINTE.

Êtes-vous prêt à écrire?

DORANTE.

Madame, je ne trouve point de papier.

ARAMINTE, *allant elle-même.*

Vous n'en trouvez point? En voilà devant
vous.

DORANTE.

Il est vrai.

ARAMINTE.

Écrivez. « Hâtez-vous de venir, monsieur;
votre mariage est sûr. » Avez-vous écrit?

DORANTE.

Comment, madame?

ARAMINTE.

Vous ne m'écoutez donc pas? « Votre mariage est sûr ; madame veut que je vous l'écrive, et vous attend pour vous le dire. » *(A part.)* Il souffre, mais il ne dit mot. Est-ce qu'il ne parlera pas? « N'attribuez point cette résolution à la crainte que madame pourrait avoir des suites d'un procès douteux. »

DORANTE.

Je vous ai assuré que vous le gagneriez, madame. Douteux ! il ne l'est point.

ARAMINTE.

N'importe, achevez. « Non, monsieur ; je suis chargé de sa part de vous assurer que la seule justice qu'elle rend à votre mérite la détermine. »

DORANTE.

Ciel ! je suis perdu. Mais, madame, vous n'aviez aucune inclination pour lui !

ARAMINTE.

Achevez, vous dis-je. « Qu'elle rend à votre mérite la détermine. » Je crois que la main vous tremble ! Vous paraissez changé ! Qu'est-ce que cela signifie? Vous trouvez-vous mal?

DORANTE.

Je ne me trouve pas bien, madame.

ARAMINTE.

Quoi ! si subitement? Cela est singulier. Pliez la lettre, et mettez : « A monsieur le comte Dorimont. » Vous direz à Dubois qu'il la lui porte. *(A part.)* Le cœur me bat ! *(A Dorante.)* Voilà qui est écrit tout de travers : cette adresse-là n'est presque pas lisible. *(A part.*) Il n'y a pas encore là de quoi le convaincre.

DORANTE, *à part.*

Ne serait-ce point aussi pour m'éprouver ? Dubois ne m'a averti de rien.

SCÈNE XIV

ARAMINTE, DORANTE, MARTHON.

MARTHON.

Je suis bien aise, madame, de trouver monsieur ici: il vous confirmera tout de suite ce que j'ai à vous dire. Vous avez offert, en différentes occasions, de me marier, madame ; et, jusqu'ici, je ne me suis point trouvée disposée à profiter de vos bontés ; aujourd'hui, monsieur me recherche ; il vient même de refuser un parti infiniment plus riche, et le tout pour moi ; du moins me l'a-t-il laissé croire, et il est à propos qu'il s'explique ; mais, comme je ne veux dépendre que de vous, c'est de vous aussi, madame, qu'il faut qu'il l'obtienne. Ainsi, monsieur, vous n'avez qu'à parler à madame : si elle m'accorde à vous, vous n'aurez point de peine à m'obtenir de moi-même.

SCÈNE XV

DORANTE, ARAMINTE.

ARAMINTE, *à part, émue.*

Cette folle ! (*Haut.*) Je suis charmée de ce qu'elle vient de m'apprendre. Vous avez fait là un très-bon choix : c'est une fille aimable et d'un excellent caractère.

DORANTE, *d'un air abattu.*

Hélas ! madame, je ne songe point à elle.

ARAMINTE.

Vous ne songez point à elle ? Elle dit que vous l'aimez, que vous l'aviez vue avant que de venir ici.

DORANTE, *tristement.*

C'est une erreur où M. Remi l'a jetée sans me consulter ; et je n'ai point osé dire le contraire, dans la crainte de m'en faire une ennemie auprès de vous. Il en est de même de ce riche parti qu'elle croit que je refuse à cause d'elle ; et je n'ai nulle part à tout cela. Je suis hors d'état de donner mon cœur à personne : je l'ai perdu pour jamais, et la plus brillante de toutes les fortunes ne me tenterait pas.

ARAMINTE.

Vous avez tort. Il fallait désabuser Marthon.

DORANTE.

Elle vous aurait peut-être empêchée de me recevoir, et mon indifférence lui en dit assez.

ARAMINTE.

Mais, dans la situation où vous êtes, quel intérêt aviez-vous d'entrer dans ma maison et de la préférer à une autre ?

DORANTE.

Je trouve plus de douceur à être chez vous, madame.

ARAMINTE.

Il y a quelque chose d'incompréhensible

dans tout ceci. Voyez-vous souvent la personne que vous aimez?

DORANTE, *toujours abattu.*

Pas souvent à mon gré, madame; et je la verrais à tout instant, que je ne croirais pas la voir assez.

ARAMINTE, *à part.*

Il a des expressions d'une tendresse! (*Haut.*) Est-elle fille? a-t-elle été mariée?

DORANTE.

Madame, elle est veuve.

ARAMINTE.

Et ne devez-vous pas l'épouser? Elle vous aime, sans doute?

DORANTE.

Hélas! madame, elle ne sait pas seulement que je l'adore. Excusez l'emportement du terme dont je me sers. Je ne saurais presque parler d'elle qu'avec transport.

ARAMINTE.

Je ne vous interroge que par étonnement. Elle ignore que vous l'aimez, dites-vous? Et vous lui sacrifiez votre fortune? Voilà de l'incroyable. Comment, avec tant d'amour, avez-vous pu vous taire? On essaye de se faire aimer, ce me semble: cela est naturel et pardonnable.

DORANTE.

Me préserve le ciel d'oser concevoir la plus légère espérance! Etre aimé, moi? Non, madame. Son état est bien au-dessus du mien. Mon respect me condamne au silence; et je mourrai du moins sans avoir eu le malheur de lui déplaire.

ARAMINTE.

Je n'imagine point de femme qui mérite d'inspirer une passion si étonnante : je n'en imagine point. Elle est donc au-dessus de toute comparaison ?

DORANTE.

Dispensez-moi de la louer, madame : je m'égarerais en la peignant. On ne connaît rien de si beau ni de si aimable qu'elle, et jamais elle ne me parle, ou ne me regarde que mon amour n'en augmente.

ARAMINTE. *Elle baisse les yeux et continue.*

Mais votre conduite blesse la raison. Que prétendez-vous avec cet amour pour une personne qui ne saura jamais que vous l'aimez ? Cela est bien bizarre. Que prétendez-vous ?

DORANTE.

Le plaisir de la voir quelquefois, et d'être avec elle est tout ce que je propose.

ARAMINTE.

Avec elle ? Oubliez-vous que vous êtes ici ?

DORANTE.

Je veux dire, avec son portrait, quand je ne la vois point.

ARAMINTE.

Son portrait ! Est-ce que vous l'avez fait faire ?

DORANTE.

Non, madame ; mais j'ai, par amusement, appris à peindre, et je l'ai peinte moi-même. Je me serais privé de son portrait, si je n'avais pu l'avoir que par le secours d'un autre.

ARAMINTE, *à part.*

Il faut le pousser à bout. (*Haut.*) Montrez-moi ce portrait.

DORANTE.

Daignez m'en dispenser, madame : quoique mon amour soit sans espérance, je n'en dois pas moins un secret inviolable à l'objet aimé.

ARAMINTE.

Il m'en est tombé un par hasard entre les mains : on l'a trouvé ici. (*Montrant la boîte.*) Voyez si ce ne serait point celui dont il s'agit ?

DORANTE.

Cela ne se peut pas.

ARAMINTE, *ouvrant la boîte.*

Il est vrai que la chose serait assez extraordinaire : examinez.

DORANTE.

Ah ! madame, songez que j'aurais perdu mille fois la vie, avant que d'avouer ce que le hasard vous découvre. Comment pourrai-je expier... ?

(*Il se jette à genoux.*)

ARAMINTE.

Dorante, je ne me fâcherai point. Votre égarement me fait pitié. Revenez-en, je vous le pardonne.

MARTHON *paraît, et s'enfuit.*

Ah !

(*Dorante se lève vite.*)

ARAMINTE.

Ah ! ciel ! c'est Marthon ! Elle vous a vu.

DORANTE, *feignant d'être déconcerté*.

Non, madame, non : je ne crois pas. Elle n'est point entrée.

ARAMINTE.

Elle vous a vu, vous dis-je ! laissez-moi, allez-vous-en : vous m'êtes insupportable. Rendez-moi ma lettre. (*Quand il est parti.*) Voilà pourtant ce que c'est que de l'avoir gardé !

SCÈNE XVI

ARAMINTE, DUBOIS.

DUBOIS.

Dorante s'est déclaré, madame; et est-il nécessaire que je lui parle ?

ARAMINTE.

Non, il ne m'a rien dit. Je n'ai rien vu d'approchant à ce que tu m'as conté; et qu'il n'en soit plus question, ne t'en mêle plus.

(*Elle sort.*)

DUBOIS.

Voici l'affaire dans sa crise.

SCÈNE XVII

DUBOIS, DORANTE.

DORANTE.

Ah ! Dubois.

DUBOIS.

Retirez-vous.

DORANTE.

Je ne sais qu'augurer de la conversation que je viens d'avoir avec elle.

DUBOIS.

A quoi songez-vous? Elle n'est qu'à deux pas : voulez-vous tout perdre?

DORANTE.

Il faut que tu m'éclaircisses...

DUBOIS.

Allez dans le jardin.

DORANTE.

D'un doute...

DUBOIS.

Dans le jardin, vous dis-je : je vais m'y rendre.

DORANTE.

Mais...

DUBOIS.

Je ne vous écoute plus.

DORANTE.

Je crains plus que jamais.

FIN DU SECOND ACTE.

ACTE TROISIÈME

———

SCÈNE PREMIÈRE

DORANTE, DUBOIS.

DUBOIS.

Non, vous dis-je; ne perdons point de temps.
La lettre est-elle prête?

DORANTE, *la lui montrant.*

Oui, la voilà, et j'ai mis dessus : « Rue du
Figuier. »

DUBOIS.

Vous êtes bien assuré que Lubin ne sait
pas ce quartier-là?

DORANTE.

Il m'a dit que non.

DUBOIS.

Lui avez-vous bien recommandé de s'a-
dresser à Marthon ou à moi pour savoir ce
que c'est?

DORANTE.

Sans doute, et je le lui recommanderai encore.

DUBOIS.

Allez donc la lui donner : je me charge du
reste auprès de Marthon, que je vais trouver.

DORANTE.

Je t'avoue que j'hésite un peu. N'allons-nous pas trop vite avec Araminte? Dans l'agitation des mouvements où elle est, veux-tu encore lui donner l'embarras de voir subitement éclater l'aventure?

DUBOIS.

Oh ! oui : point de quartier. Il faut l'achever pendant qu'elle est étourdie. Elle ne sait plus ce qu'elle fait. Ne voyez-vous pas bien qu'elle triche avec moi, qu'elle me fait accroire que vous ne lui avez rien dit? Ah! je lui apprendrai à vouloir me souffler mon emploi de confident pour vous aimer en fraude.

DORANTE.

Que j'ai souffert dans ce dernier entretien! Puisque tu savais qu'elle voulait me faire déclarer, que ne m'en avertissais-tu par quelque signe?

DUBOIS.

Cela aurait été joli, ma foi! elle ne s'en serait point aperçue, n'est-ce pas? Et, d'ailleurs, votre douleur n'en a paru que plus vraie. Vous repentez-vous de l'effet qu'elle a produit? Monsieur a souffert ! Parbleu ! il me semble que cette aventure-ci mérite un peu d'inquiétude.

DORANTE.

Sais-tu bien ce qui arrivera? Qu'elle prendra son parti, et qu'elle me renverra, tout d'un coup.

DUBOIS.

Je l'en défie; il est trop tard. L'heure du courage est passée; il faut qu'elle nous épouse.

DORANTE.

Prends-y garde : tu vois que sa mère la
fatigue.

DUBOIS.

Je serais bien fâché qu'elle la laissât en
repos.

DORANTE.

Elle est confuse de ce que Marthon m'a
surpris à ses genoux.

DUBOIS.

*She is
not in it!*

Ah! vraiment, des confusions ! Elle n'y est
pas; elle va en essuyer bien d'autres ! C'est
moi qui, voyant le train que prenait la conversation, ai fait venir Marthon une seconde
fois.

DORANTE.

Araminte pourtant m'a dit que je lui étais
insupportable.

DUBOIS.

Elle a raison. Voulez-vous qu'elle soit de
bonne humeur avec un homme qu'il faut
qu'elle aime en dépit d'elle? Cela est-il agréable? Vous vous emparez de son bien, de son
cœur; et cette femme ne criera pas ! Allez
vite; plus de raisonnement : laissez-vous
conduire.

DORANTE.

Songe que je l'aime, et que, si notre préci-
pitation réussit mal, tu me désespères.

DUBOIS.

Ah ! je sais bien que vous l'aimez: c'est à
cause de cela que je ne vous écoute pas. Etes-
vous en état de juger de rien? Allons, allons,
vous vous moquez. Laissez faire un homme

de sang-froid. Partez; d'autant plus que voilà
Marthon qui vient à propos, et que je vais
tâcher d'amuser, en attendant que vous en-
voyiez Lubin.

SCÈNE II

DUBOIS, MARTHON.

MARTHON, *d'un air triste.*

Je te cherchais.

DUBOIS.

Qu'y a-t-il pour votre service, mademoiselle?

MARTHON.

Tu me l'avais bien dit, Dubois.

DUBOIS.

Quoi donc? Je ne me souviens plus de ce
que c'est.

MARTHON.

Que cet intendant osait lever les yeux sur
madame.

DUBOIS.

Ah! oui; vous parlez de ce regard que je
lui vis jeter sur elle? Oh! jamais je ne l'ai
oublié. Cette œillade-là ne valait rien. Il y
avait quelque chose dedans qui n'était pas
dans l'ordre.

MARTHON.

Ah çà, Dubois, il s'agit de faire sortir cet
homme-ci.

DUBOIS.

Pardi! tant qu'on voudra : je ne m'y épar-
gne pas. J'ai déjà dit à madame qu'on m'avait
assuré qu'il n'entendait pas les affaires.

MARTHON.

Mais est-ce là tout ce que tu sais de lui ?
C'est de la part de madame Argante et de
M. le comte que je te parle, et nous avons
peur que tu n'aies pas tout dit à madame, ou
qu'elle ne cache ce que c'est. Ne nous dé-
guise rien, tu n'en seras pas fâché.

DUBOIS.

Ma foi, je ne sais que son insuffisance, dont
j'ai instruit madame.

MARTHON.

Ne dissimule point.

DUBOIS.

Moi, un dissimulé ? moi ? garder un secret !
Vous avez bien trouvé votre homme. En fait
de discrétion, je mériterais d'être femme. Je
vous demande pardon de la comparaison ;
mais c'est pour vous mettre l'esprit en repos.

MARTHON.

Il est certain qu'il aime madame.

DUBOIS.

Il n'en faut point douter : je lui ai même
dit ma pensée, à elle.

MARTHON.

Et qu'a-t-elle répondu ?

DUBOIS.

Que j'étais un sot. Elle est si prévenue...

MARTHON.

Prévenue à un point que je n'oserais le dire,
Dubois.

DUBOIS.

Oh ! le diable n'y perd rien, ni moi non
plus ; car je vous entends.

MARTHON.

Tu as la mine d'en savoir plus que moi là-dessus.

DUBOIS.

Oh ! point du tout, je vous jure. Mais, à propos, il vient tout à l'heure d'appeler Lubin pour lui donner une lettre : si nous pouvions la saisir, peut-être en saurions-nous davantage.

MARTHON.

Une lettre! oui-dà! ne négligeons rien. Je vais, de ce pas, parler à Lubin, s'il n'est pas encore parti.

DUBOIS.

Vous n'irez pas loin, je crois qu'il vient.

SCÈNE III

DUBOIS, MARTHON, LUBIN.

LUBIN, *voyant Dubois.*

Ah! te voilà donc, mal bâti?

DUBOIS.

Tenez : n'est-ce pas là une belle figure, pour se moquer de la mienne?

MARTHON.

Que veux-tu, Lubin?

LUBIN.

Ne sauriez-vous pas où demeure la rue du Figuier, mademoiselle?

MARTHON.

Oui.

LUBIN.

C'est que mon camarade, que je sers, m'a dit de porter cette lettre à quelqu'un qui est dans cette rue; et, comme je ne la sais pas, il m'a dit que je m'en informasse à vous ou cet animal-là; mais cet animal-là ne mérite pas que je lui parle, sinon pour l'injurier. J'aimerais mieux que le diable eût emporté toutes les rues, que d'en savoir une par le moyen d'un malotru comme lui.

DUBOIS, à *Marthon*, à *part*.

Prenez la lettre. (*Haut*.) Non, non, mademoiselle, ne lui enseignez rien : qu'il galope.

LUBIN.

Veux-tu te taire !

MARTHON.

Ne l'interrompez donc point, Dubois. Eh bien, veux-tu me donner ta lettre? Je vais envoyer dans ce quartier-là, et on la rendra à son adresse.

LUBIN.

Ah ! voilà qui est bien agréable ! Vous êtes une fille de bonne amitié, mademoiselle.

DUBOIS, *s'en allant*.

Vous êtes bien bonne d'épargner de la peine à ce fainéant-là.

LUBIN.

Ce malhonnête ! Va, va trouver le tableau, pour voir comme il se moque de toi.

MARTHON, *seul, avec Lubin*.

Ne lui réponds rien : donne ta lettre.

LUBIN.

Tenez, mademoiselle; vous me rendrez un service qui me fera grand bien. Quand il y

aura à trotter pour votre serviable personne
n'ayez point d'autre postillon que moi.

MARTHON.

Elle sera rendue exactement.

LUBIN.

Oui, je vous recommande l'exactitude à
cause de M. Dorante, qui mérite toute sorte
de fidélités.

MARTHON, *à part.*

L'indigne !

LUBIN, *s'en allant.*

Je suis votre serviteur éternel.

MARTHON.

Adieu.

LUBIN, *revenant.*

Si vous le rencontrez, ne lui dites point
qu'un autre galope à ma place.

SCÈNE IV

MADAME ARGANTE, LE COMTE, MARTHON.

MARTHON, *un moment seule.*

Ne disons mot, que je n'aie vu ce que ceci
contient.

MADAME ARGANTE.

Eh bien, Marthon, qu'avez-vous appris de
Dubois ?

MARTHON.

Rien que ce que vous saviez déjà, madame,
et ce n'est pas assez.

MADAME ARGANTE.

Dubois est un coquin qui nous trompe.

LE COMTE.

Il est vrai que sa menace paraissait signifier quelque chose.

MADAME ARGANTE.

Quoi qu'il en soit, j'attends M. Remi, que j'ai envoyé chercher; et, s'il ne nous défait pas de cet homme-là, ma fille saura qu'il ose l'aimer; je l'ai résolu. Nous en avons les présomptions les plus fortes; et, ne fût-ce que par bienséance, il faudra bien qu'elle le chasse. D'un autre côté, j'ai fait venir l'intendant que M. le comte lui proposait. Il est ici, et je le lui présenterai sur-le-champ.

MARTHON.

Je doute que vous réussissiez, si nous n'apprenons rien de nouveau; mais je tiens peut-être son congé, moi qui vous parle. Voici M. Remi: je n'ai pas le temps de vous en dire davantage, et je vais m'éclaircir.

(*Elle veut sortir.*)

SCÈNE V

M. REMI, Madame ARGANTE, LE COMTE, MARTHON.

M. REMI, à *Marthon, qui se retire.*

Bonjour, ma nièce, puisque enfin il faut que vous la soyez. Savez-vous ce qu'on me veut ici?

MARTHON, *brusquement.*

Passez, monsieur, et cherchez votre nièce ailleurs : je n'aime point les mauvais plaisants.

(*Elle sort.*)

M. REMI.

Voilà une petite fille bien incivile. (*A ma-dame Argante.*) On m'a dit de votre part de venir ici, madame : de quoi est-il donc question?

MADAME ARGANTE, *d'un ton revêche.*

Ah! c'est donc vous, monsieur le procureur?

M. REMI.

Oui, madame; je vous garantis que c'est moi-même.

MADAME ARGANTE.

Et de quoi vous êtes-vous avisé, je vous prie, de nous embarrasser d'un intendant de votre façon?

M. REMI.

Et par quel hasard madame y trouve-t-elle à redire?

MADAME ARGANTE.

C'est que nous nous serions bien passés du présent que vous nous avez fait.

M. REMI.

Ma foi! madame, s'il n'est pas de votre goût, vous êtes bien difficile.

MADAME ARGANTE.

C'est votre neveu, dit-on?

M. REMI.

Oui, madame.

MADAME ARGANTE.

Eh bien, tout votre neveu qu'il est, vous nous ferez un grand plaisir de le retirer.

M. REMI.

Ce n'est pas à vous que je l'ai donné.

MADAME ARGANTE.

Non ; mais c'est à nous qu'il déplaît, à moi et à M. le comte que voilà, et qui doit épouser ma fille.

M. REMI, *élevant la voix.*

Celui-ci est nouveau ! Mais, madame, dès qu'il n'est pas à vous, il me semble qu'il n'est pas essentiel qu'il vous plaise. On n'a pas mis dans le marché qu'il vous plairait : personne n'a songé à cela ; et, pourvu qu'il convienne à madame Araminte, tout doit être content. Tant pis pour qui ne l'est pas. Qu'est-ce que cela signifie ?

MADAME ARGANTE.

Mais vous avez le ton bien rauque, monsieur Remi.

M. REMI.

Ma foi ! vos compliments ne sont point propres à l'adoucir, madame Argante.

LE COMTE.

Doucement, monsieur le procureur, doucement ; il me paraît que vous avez tort.

M. REMI.

Comme vous voudrez, monsieur le comte, comme vous voudrez ; cela ne vous regarde pas. Vous savez bien que je n'ai pas l'honneur de vous connaître, et nous n'avons que faire ensemble, pas la moindre chose.

LE COMTE.

Que vous me connaissiez ou non, il n'est pas si peu essentiel que vous le dites que votre neveu plaise à madame. Elle n'est pas une étrangère dans la maison.

M. REMI.

Parfaitement étrangère pour cette affaire-ci,

monsieur; on ne peut pas plus étrangère. Au surplus, Dorante est un homme d'honneur, connu pour tel, dont j'ai répondu, dont je répondrai toujours, et dont madame parle ici d'une manière choquante.

MADAME ARGANTE.

Votre Dorante est un impertinent.

M. REMI.

Bagatelle! ce mot-là ne signifie rien dans votre bouche.

MADAME ARGANTE.

Dans ma bouche! A qui parle donc ce petit praticien, monsieur le comte? Est-ce que vous ne lui imposerez pas silence ?

M. REMI.

Comment donc! m'imposer silence, à moi procureur! Savez-vous bien qu'il y a cinquante ans que je parle, madame Argante?

MADAME ARGANTE.

Il y a donc cinquante ans que vous ne savez ce que vous dites.

SCÈNE VI

ARAMINTE, Madame ARGANTE, M. REMI, LE COMTE.

ARAMINTE.

Qu'y a-t-il donc? On dirait que vous vous querellez?

M. REMI.

Nous ne sommes pas fort en paix, et vous venez très à propos, madame : il s'agit de

Dorante, avez-vous sujet de vous plaindre de lui ?

ARAMINTE.

Non, que je sache.

M. REMI.

Vous êtes-vous aperçue qu'il ait manqué de probité ?

ARAMINTE.

Lui? Non, vraiment. Je ne le connais que pour un homme très-estimable.

M. REMI.

Aux discours que madame en tient, ce doit pourtant être un fripon, dont il faut que je vous délivre ; et on se passerait bien du présent que je vous en ai fait, et c'est un impertinent qui déplaît à madame, qui déplaît à monsieur, qui parle en qualité d'époux futur ; et, à cause que je le défends, on veut me persuader que je radote.

ARAMINTE, *froidement.*

On se jette là dans de grands excès. Je n'y ai point de part, monsieur. Je suis bien éloignée de vous traiter si mal. A l'égard de Dorante, la meilleure justification qu'il y ait pour lui, c'est que je le garde. Mais je venais pour savoir une chose, monsieur le comte. Il y a là-bas, m'a-t-on dit, un homme d'affaires que vous avez amené pour moi. On se trompe apparemment?

LE COMTE.

Madame, il est vrai qu'il est venu avec moi; mais c'est madame Argante...

MADAME ARGANTE.

Attendez, je vais répondre. Oui, ma fille, c'est moi qui ai prié monsieur de le faire ve-

nir pour remplacer celui que vous avez, et
que vous allez mettre dehors : je suis sûre
de mon fait. J'ai laissé dire votre procureur,
au reste ; mais il amplifie. *et ajoute*

M. REMI.

Courage !

MADAME ARGANTE, *vivement.*

Paix ! vous avez assez parlé. *(A Araminte.)*
Je n'ai point dit que son neveu fût un fripon.
Il ne serait pas impossible qu'il le fût ; je
n'en serais pas étonnée.

M. REMI.

Mauvaise parenthèse, avec votre permission ; supposition injurieuse, et tout à fait
hors d'œuvre.

MADAME ARGANTE.

Honnête homme, soit : du moins n'a-t-on
pas encore de preuve du contraire, et je
veux croire qu'il l'est. Pour un impertinent
et très-impertinent, j'ai dit qu'il en était un,
et j'ai raison. Vous dites que vous le garde-
rez : vous n'en ferez rien.

ARAMINTE, *froidement.*

Il restera, je vous assure.

MADAME ARGANTE.

Point du tout ; vous ne sauriez. Seriez-vous
d'humeur à garder un intendant qui vous
aime ?

M. REMI.

Eh ! à qui voulez-vous donc qu'il s'attache ?
A vous, à qui il n'a pas affaire ?

ARAMINTE.

Mais, en effet, pourquoi faut-il que mon
intendant me haïsse ?

Eh! non, point d'équivoque. Quand je vous dis qu'il vous aime, j'entends qu'il est amoureux de vous, en bon français ; qu'il est ce qu'on appelle amoureux ; qu'il soupire pour vous ; que vous êtes l'objet secret de sa tendresse.

M. REMI.

Dorante !

ARAMINTE, *riant*.

L'objet secret de sa tendresse ? Oh ! oui, très-secret, je pense. Ah! ah ! je ne me croyais pas si dangereuse à voir. Mais, dès que vous devinez de pareils secrets, que ne devinez-vous que tous mes gens sont comme lui ? Peut-être qu'ils m'aiment aussi : que sait-on ? Monsieur Remi, vous qui me voyez assez souvent, j'ai envie de deviner que vous m'aimez aussi.

M. REMI.

Ma foi, madame, à l'âge de mon neveu, je ne m'en tirerais pas mieux qu'on dit qu'il s'en tire.

MADAME ARGANTE.

Ceci n'est pas matière à plaisantérie, ma fille. Il n'est pas question de votre M. Remi ; laissons-là ce bonhomme, et traitons la chose un peu plus sérieusement. Vos gens ne vous font pas peindre, vos gens ne se mettent point à contempler vos portraits, vos gens n'ont point l'air galant, la mine doucereuse.

M. REMI.

J'ai laissé passer le bonhomme à cause de vous, au moins ; mais le bonhomme est quelquefois brutal.

ARAMINTE.

En vérité, ma mère, vous seriez la première
à vous moquer de moi, si ce que vous me
dites me faisait la moindre impression; ce
serait une enfance à moi que de le renvoyer
sur un pareil soupçon. Est-ce qu'on ne peut
me voir sans m'aimer? Je n'y saurais que
faire: il faut bien m'y accoutumer et prendre
mon parti là-dessus. Vous lui trouvez l'air
galant, dites-vous? Je n'y avais pas pris
garde, et je ne lui en ferai point un repro-
che. Il y aurait de la bizarrerie à se fâcher
de ce qu'il est bien fait. Je suis d'ailleurs
comme tout le monde: j'aime assez les gens
de bonne mine.

SCÈNE VII

ARAMINTE, Madame ARGANTE, M. REMI, LE COMTE, DORANTE.

DORANTE.

Je vous demande pardon, madame, si je
vous interromps. J'ai lieu de présumer que
mes services ne vous sont plus agréables, et,
dans la conjecture présente, il est naturel
que je sache mon sort.

MADAME ARGANTE, *ironiquement*.

Son sort! le sort d'un intendant! Que cela
est beau!

M. REMI.

Et pourquoi n'aurait-il pas un sort?

ARAMINTE, *d'un air vif à sa mère*.

Voilà des emportements qui m'appartien-
nent. (*A Dorante.*) Quelle est cette conjec-

ture, monsieur, et le motif de votre inquiétude?

 DORANTE.

Vous le savez, madame. Il y a quelqu'un
ici que vous avez envoyé chercher pour occu-
per ma place.

ARAMINTE.

Ce quelqu'un-là est fort mal conseillé. Dés-
abusez-vous, ce n'est point moi qui l'ai fait
venir.

DORANTE.

Tout a contribué à me tromper, d'autant
plus que mademoiselle Marthon vient de
m'assurer que dans une heure je ne serais
plus ici.

ARAMINTE.

Marthon vous a tenu un fort sot discours.

MADAME ARGANTE.

Le terme est encore trop long : il devrait en
sortir tout à l'heure.

M. REMI, *comme à part.*

Voyons par où cela finira.

ARAMINTE.

Allez, Dorante; tenez-vous en repos : fus-
siez-vous l'homme du monde qui me convînt
le moins, vous resteriez. Dans cette occasion-
ci, c'est à moi-même que je dois cela : je me
sens offensée du procédé qu'on a avec moi,
et je vais faire dire à cet homme d'affaires
qu'il se retire. Que ceux qui l'ont amené sans
me consulter le remmènent, et qu'il n'en soit
plus parlé.

SCÈNE VIII

ARAMINTE, Madame ARGANTE, M. REMI, LE COMTE, DORANTE, MARTHON.

MARTHON, *froidement.*

Ne vous pressez pas de le renvoyer, madame; voilà une lettre de recommandation pour lui, et c'est M. Dorante qui l'a écrite.

ARAMINTE.

Comment?

MARTHON, *donnant la lettre au comte.*

Un instant, madame, cela mérite d'être écouté; la lettre est de monsieur, vous dis-je.

LE COMTE. *Il lit haut.*

« Je vous conjure, mon cher ami, d'être demain sur les neuf heures du matin chez vous; j'ai bien des choses à vous dire. Je crois que je vais sortir de chez la dame que vous savez; elle ne peut plus ignorer la malheureuse passion que j'ai prise pour elle, et dont je ne guérirai jamais. »

MADAME ARGANTE.

De la passion, entendez-vous, ma fille?

LE COMTE, *lisant.*

« Un misérable ouvrier que je n'attendais pas est venu ici pour m'apporter la boîte de ce portrait que j'ai fait d'elle. »

MADAME ARGANTE.

C'est-à-dire que le personnage sait peindre.

LE COMTE, *lisant.*

« J'étais absent, il l'a laissée à une fille de la maison. »

MADAME ARGANTE, *à Marthon.*

Fille de la maison : cela vous regarde.

LE COMTE, *lisant.*

« On a soupçonné que ce portrait m'appartenait. Ainsi je pense qu'on va tout découvrir, et qu'avec le chagrin d'être renvoyé, et de perdre le plaisir de voir tous les jours celle que j'adore... »

MADAME ARGANTE.

Que j'adore ! Ah ! que j'adore !

LE COMTE, *lisant.*

« J'aurai encore celui d'être méprisé d'elle. »

MADAME ARGANTE.

Je crois qu'il n'a pas mal deviné, celui-là, ma fille.

LE COMTE, *lisant.*

« Non pas à cause de la médiocrité de ma fortune, sorte de mépris dont je n'oserais la croire capable... »

MADAME ARGANTE.

Et pourquoi non ?

LE COMTE, *lisant.*

« Mais seulement à cause du peu que je vaux auprès d'elle, tout honoré que je suis de l'estime de tant d'honnêtes gens. »

MADAME ARGANTE.

En vertu de quoi l'estiment-ils tant ?

LE COMTE, *lisant.*

« Auquel cas je n'ai plus que faire à Paris.
Vous êtes à la veille de vous embarquer, et je
suis déterminé à vous suivre. »

MADAME ARGANTE.

Bon voyage au galant !

M. REMI.

Le beau motif d'embarquement !

MADAME ARGANTE.

Eh bien, en avez-vous le cœur net, ma
fille ?

LE COMTE.

L'éclaircissement m'en paraît complet.

ARAMINTE, *à Dorante.*

Quoi ! cette lettre n'est pas d'une écriture
contrefaite ? Vous ne la niez point ?

DORANTE.

Madame...

ARAMINTE.

Retirez-vous.

M. REMI.

Eh bien, quoi ? C'est de l'amour qu'il a ; ce
n'est pas d'aujourd'hui que les belles personnes en donnent ; et, tel que vous le voyez,
il n'en a pas pris pour toutes celles qui auraient bien voulu lui en donner. Cet amour-
là lui coûte quinze mille livres de rente, sans
compter les mers qu'il veut courir : voilà le
mal ; car, au reste, s'il était riche, le personnage en vaudrait bien un autre ; il pourrait
bien dire qu'il adore. (*Contrefaisant madame
Argante.*) Et cela ne serait point si ridicule.

Accommodez-vous; au reste, je suis votre serviteur, madame.

(*Il sort.*)

MARTHON.

Fera-t-on monter l'intendant que M. le comte a amené, madame?

ARAMINTE.

N'entendrai-je parler que d'intendants? Allez-vous-en! vous prenez mal votre temps pour me faire des questions.

(*Marthon sort.*)

MADAME ARGANTE.

Mais, ma fille, elle a raison: c'est M. le comte qui vous en répond, il n'y a qu'à le prendre.

ARAMINTE.

Et moi, je n'en veux point.

LE COMTE.

Est-ce à cause qu'il vient de ma part, madame?

ARAMINTE.

Vous êtes le maître d'interpréter, monsieur; mais je n'en veux point.

LE COMTE.

Vous vous expliquez là-dessus d'un air de vivacité qui m'étonne.

MADAME ARGANTE.

Mais, en effet; je ne vous reconnais pas. Qu'est-ce qui vous fâche?

ARAMINTE.

Tout: on s'y est mal pris; il y a dans tout

ceci des façons si désagréables, des moyens si offensants, que tout m'en choque.

MADAME ARGANTE, *étonnée.*

On ne vous entend point.

LE COMTE.

Quoique je n'aie aucune part à ce qui vient de se passer, je ne m'aperçois que trop, madame, que je ne suis pas exempt de votre mauvaise humeur, et je serais fâché d'y contribuer davantage par ma présence.

MADAME ARGANTE.

Non, monsieur, je vous suis. Ma fille, je retiens M. le comte; vous allez venir nous trouver apparemment. Vous n'y songez pas, Araminte; on ne sait que penser.

SCÈNE IX

ARAMINTE, DUBOIS.

DUBOIS.

Enfin, madame, à ce que je vois, vous en voilà délivrée : qu'il devienne tout ce qu'il voudra à présent; tout le monde a été témoin de sa folie, et vous n'avez plus rien à craindre de sa douleur: il ne dit mot. Au reste, je viens seulement de le rencontrer plus mort que vif, qui traversait la galerie pour aller chez lui. Vous auriez trop ri de le voir soupirer; il m'a pourtant fait pitié; je l'ai vu si défait, si pâle et si triste, que j'ai eu peur qu'il ne se trouvât mal.

ARAMINTE, *qui ne l'a pas regardé jusque-là, et qui a toujours rêvé, dit d'un ton haut:*

Mais qu'on aille donc voir; quelqu'un l'a-t-il suivi? Que ne le secouriez-vous? Faut-il tuer cet homme?

DUBOIS.

J'y ai pourvu, madame; j'ai appelé Lubin, qui ne le quittera pas, et je crois d'ailleurs qu'il n'arrivera rien; voilà qui est fini: je ne suis venu que pour vous dire une chose; c'est que je pense qu'il demandera à vous parler, et je ne conseille pas à madame de le voir davantage; ce n'est pas la peine.

ARAMINTE, *sèchement.*

Ne vous embarrassez pas; ce sont mes affaires.

DUBOIS.

En un mot, vous en êtes quitte; et cela par le moyen de cette lettre qu'on vous a lue, et que mademoiselle Marthon a tirée de Lubin par mon avis: je me suis douté qu'elle pourrait vous être utile; et c'est une excellente idée que j'ai eue là, n'est-ce pas, madame?

ARAMINTE, *froidement.*

Quoi! c'est à vous que j'ai l'obligation de la scène qui vient de se passer?

DUBOIS, *librement.*

Oui, madame.

ARAMINTE.

Méchant valet, ne vous présentez plus devant moi.

DUBOIS, *comme étonné.*

Hélas! madame, j'ai cru bien faire.

ARAMINTE.

Allez, malheureux, il fallait m'obéir; je vous avais dit de ne plus vous en mêler. Vous m'a-

vez jetée dans tous les désagréments que je
voulais éviter. C'est vous qui avez répandu
tous les soupçons qu'on a eus sur son compte,
et ce n'est pas par attachement pour moi que
vous m'avez appris qu'il m'aimait; ce n'est
que par le plaisir de faire du mal. Il m'im-
portait peu d'en être instruite; c'est un amour
que je n'aurais jamais su, et je le trouve bien
malheureux d'avoir eu affaire à vous, lui qui
a été votre maître, qui vous affectionnait,
qui vous a bien traité, qui vient tout récem-
ment encore de vous prier à genoux de lui
garder le secret. Vous l'assassinez, vous me
trahissez moi-même; il faut que vous soyez
capable de tout. Que je ne vous voie jamais,
et point de réplique.

DUBOIS *s'en va en riant.*

Allons, voilà qui est parfait.

SCÈNE X

ARAMINTE, MARTHON.

MARTHON, *triste.*

La manière dont vous m'avez renvoyée, il
n'y a qu'un moment, me montre que je vous
suis désagréable, madame, et je crois vous
faire plaisir en vous demandant mon congé.

ARAMINTE, *froidement.*

Je vous le donne.

MARTHON.

Votre intention est-elle que je sorte dès
aujourd'hui, madame?

ARAMINTE.

Comme vous voudrez.

MARTHON.

Cette aventure-ci est bien triste pour moi!

ARAMINTE.

Oh! point d'explication, s'il vous plaît.

MARTHON.

Je suis au désespoir.

ARAMINTE, *avec impatience.*

Est-ce que vous êtes fâchée de vous en aller? Eh bien, restez, mademoiselle, restez,
j'y consens; mais finissons

MARTHON.

Après les bienfaits dont vous m'avez com-
blée, que ferais-je auprès de vous à présent
que je vous suis suspecte, et que j'ai perdu
toute votre confiance?

ARAMINTE.

Mais que voulez-vous que je vous confie?
Inventerai-je des secrets pour vous les dire?

MARTHON.

Il est pourtant vrai que vous me renvoyez,
madame: d'où vient ma disgrâce?

ARAMINTE.

Elle est dans votre imagination. Vous me
demandez votre congé, je vous le donne.

MARTHON.

Ah! madame, pourquoi m'avez-vous expo-
sée au malheur de vous déplaire? J'ai persé-
cuté par ignorance l'homme du monde le
plus aimable, qui vous aime plus qu'on n'a
jamais aimé.

ARAMINTE, *à part.*

Hélas!

MARTHON.

Et à qui je n'ai rien à reprocher; car il vient de me parler. J'étais son ennemie, et je ne le suis plus. Il m'a tout dit. Il ne m'avait jamais vue, c'est M. Remi qui m'a trompée, et j'excuse Dorante.

ARAMINTE.

A la bonne heure.

MARTHON.

Pourquoi avez-vous eu la cruauté de m'abandonner au hasard d'aimer un homme qui n'est pas fait pour moi, qui est digne de vous, et que j'ai jeté dans une douleur dont je suis pénétrée?

ARAMINTE, *d'un ton doux.*

Tu l'aimais donc, Marthon?

MARTHON.

Laissons là mes sentiments. Rendez-moi votre amitié comme je l'avais, et je serai contente.

ARAMINTE.

Ah! je te la rends tout entière.

MARTHON, *lui baisant la main.*

Me voilà consolée.

ARAMINTE.

Non, Marthon, tu ne l'es pas encore. Tu pleures, et m'attendris.

MARTHON.

N'y prenez point garde. Rien ne m'est si cher que vous.

ARAMINTE.

Va, je prétends bien te faire oublier tous tes chagrins. Je pense que voici Lubin.

SCÈNE XI

ARAMINTE, MARTHON, LUBIN.

ARAMINTE.

Que veux-tu?

LUBIN, *pleurant et sanglotant.*

J'aurais bien de la peine à vous le dire, car je suis dans une détresse qui me coupe entièrement la parole, à cause de la trahison que mademoiselle Marthon m'a faite. Ah! quelle ingrate perfidie!

MARTHON.

Laisse-là ta perfidie, et nous dis ce que tu veux.

LUBIN.

Ah! cette pauvre lettre! quelle escroquerie!

ARAMINTE.

Dis donc.

LUBIN.

M. Dorante vous demande à genoux qu'il vienne ici vous rendre compte des paperasses qu'il a eues dans les mains depuis qu'il est ici. Il m'attend à la porte, où il pleure.

MARTHON.

Dis-lui qu'il vienne.

LUBIN.

Le voulez-vous, madame? car je ne me fie

pas à elle. Quand on m'a affronté une fois, je n'en reviens point.

MARTHON, *d'un air triste et attendri.*

Parlez-lui, madame, je vous laisse.

LUBIN, *quand Marthon est partie.*

Vous ne me répondez point, madame?

ARAMINTE.

Il peut venir.

SCÈNE XII

DORANTE, ARAMINTE.

ARAMINTE.

Approchez, Dorante.

DORANTE.

Je n'ose presque paraître devant vous.

ARAMINTE, *à part.*

Ah! je n'ai guère plus d'assurance que lui. (*Haut.*) Pourquoi vouloir me rendre compte de mes papiers? Je m'en fie bien à vous. Ce n'est pas là-dessus que j'aurai à me plaindre.

DORANTE.

Madame...., j'ai autre chose à dire... Je suis si interdit, si tremblant, que je ne saurais parler.

ARAMINTE, *à part, avec émotion.*

Ah! que je crains la fin de tout ceci!

DORANTE, *ému.*

Un de vos fermiers est venu tantôt, madame.

ARAMINTE, *émue.*

Un de mes fermiers ?... Cela se peut.

DORANTE.

Oui, madame... il est venu.

ARAMINTE, *toujours émue.*

Je n'en doute pas.

DORANTE, *ému.*

Et j'ai de l'argent à vous remettre...

ARAMINTE.

Ah! de l'argent ?... Nous verrons.

DORANTE.

Quand il vous plaira, madame, de le recevoir.

ARAMINTE.

Oui... je le recevrai... vous me le donnerez. (*A part.*) Je ne sais ce que je lui réponds.

DORANTE.

Ne serait-il pas temps de vous l'apporter ce soir ou demain, madame?

ARAMINTE.

Demain, dites-vous? Comment vous garder jusque-là, après ce qui est arrivé ?

DORANTE, *plaintivement.*

De tout le temps de ma vie que je vais passer loin de vous, je n'aurais plus que ce seul jour qui m'en serait précieux.

ARAMINTE.

Il n'y a pas moyen. Dorante : il faut se quitter. On sait que vous m'aimez, et on croirait que je n'en suis pas fâchée.

DORANTE.

Hélas! madame, que je vais être à plaindre!

ARAMINTE.

Ah! allez, Dorante, chacun a ses chagrins.

DORANTE.

J'ai tout perdu : j'avais un portrait, et je ne l'ai plus.

ARAMINTE.

A quoi vous sert de l'avoir? Vous savez peindre.

DORANTE.

Je ne pourrai de longtemps m'en dédommager. D'ailleurs, celui-ci m'aurait été bien cher. Il a été entre vos mains, madame.

ARAMINTE.

Mais vous n'êtes pas raisonnable.

DORANTE.

Ah! madame, je vais être éloigné de vous. Vous vous serez assez vengée. N'ajoutez rien à ma douleur.

ARAMINTE.

Vous donner mon portrait? Songez-vous que ce serait avouer que je vous aime.

DORANTE.

Que vous m'aimez, madame! Quelle idée ! qui pourrait se l'imaginer ?

ARAMINTE, *d'un ton vif et naïf.*

Et voilà pourtant ce qui m'arrive.

DORANTE, *se jetant à ses genoux.*

Je me meurs !

ARAMINTE.

Je ne sais plus où je suis. Modérez votre joie; levez-vous, Dorante.

DORANTE, *se levant, et tendrement.*

Je ne la mérite pas. Cette joie me transporte. Je ne la mérite pas, madame : vous allez me l'ôter; mais, n'importe, il faut que vous soyez instruite.

ARAMINTE, *étonnée.*

Comment ! que voulez-vous dire?

DORANTE.

Dans tout ce qui s'est passé chez vous, il n'y a rien de vrai que ma passion, qui est infinie, et que le portrait que j'ai fait. Tous les incidents qui sont arrivés partent de l'industrie d'un domestique, qui savait mon amour, qui m'en plaint, qui, par le charme de l'espérance du plaisir de vous voir, m'a, pour ainsi dire, forcé de consentir à son stratagème; il voulait me faire valoir auprès de vous. Voilà, madame, ce que mon respect, mon amour et mon caractère ne me permettent pas de vous cacher. J'aime encore mieux regretter votre tendresse que de la devoir à l'artifice qui me l'a acquise; j'aime mieux votre haine que d'avoir trompé ce que j'adore.

ARAMINTE, *le regardant quelque temps sans parler.*

Si j'apprenais cela d'un autre que de vous, je vous haïrais sans doute; mais l'aveu que vous m'en faites vous-même, dans un moment comme celui-ci, change tout. Ce trait de sincérité me charme, me paraît incroyable, et vous êtes le plus honnête homme du monde. Après tout, puisque vous m'aimez véritablement, ce que vous avez fait pour gagner mon cœur n'est point blâmable : il est permis à un amant de chercher les moyens de plaire, et on doit lui pardonner lorsqu'il a réussi.

DORANTE.

Quoi! la charmante Araminte daigne me justifier?

ARAMINTE.

Voici le comte avec ma mère : ne dites mot, et laissez-moi parler.

SCÈNE XIII

DORANTE, ARAMINTE, LE COMTE, MADAME ARGANTE, DUBOIS, LUBIN.

MADAME ARGANTE, *voyant Dorante.*

Quoi ! le voilà encore?

ARAMINTE, *froidement.*

Oui, ma mère. (*Au comte.*) Monsieur le comte, il était question de mariage entre vous et moi, et il n'y faut plus penser : vous méritez qu'on vous aime ; mon cœur n'est point en état de vous rendre justice, et je ne suis pas d'un rang qui vous convienne.

MADAME ARGANTE.

Quoi donc! que signifie ce discours?

LE COMTE.

Je vous entends, madame; et, sans l'avoir dit à madame, je songeais à me retirer : j'ai deviné tout. Dorante n'est venu chez vous qu'à cause qu'il vous aimait : il vous a plu, vous voulez lui faire sa fortune : voilà tout ce que vous allez dire.

ARAMINTE.

Je n'ai rien à ajouter.

MADAME ARGANTE, *outrée.*

La fortune à cet homme-là !

LE COMTE, *tristement.*

Il n'y a plus que notre discussion, que nous réglerons à l'amiable. J'ai dit que je ne plaiderais point, et je tiendrai parole.

ARAMINTE.

Vous êtes bien généreux : envoyez-moi quelqu'un qui en décide, et ce sera assez.

MADAME ARGANTE.

Ah! la belle chute! ah! ce maudit intendant! Qu'il soit votre mari tant qu'il vous plaira; mais il ne sera jamais mon gendre.

ARAMINTE.

Laissons passer sa colère, et finissons.

(*Ils sortent.*)

DUBOIS.

Ouf! ma gloire m'accable : je mériterais bien d'appeler cette femme-là ma bru.

LUBIN.

Pardi ! nous nous soucions bien de ton tableau à présent! l'original nous en fournira bien d'autres copies.

FIN DES FAUSSES CONFIDENCES.

LE LEGS

COMÉDIE EN UN ACTE

1786

PERSONNAGES

LE MARQUIS.
LE CHEVALIER, parent de la Comtesse.
L'ÉPINE, valet de chambre du Marquis.
LA COMTESSE.
HORTENSE, parente du Marquis.
LISETTE, suivante de la Comtesse.

La scène se passe dans un château, à une lieue de Paris.

LE LEGS

Le théâtre représente un salon.

SCÈNE PREMIÈRE

HORTENSE, LE CHEVALIER.

LE CHEVALIER.

La démarche que vous allez faire auprès du Marquis m'alarme.

HORTENSE.

Je ne risque rien, vous dis-je. Raisonnons. Défunt son parent et le mien lui laisse quatre cent mille francs, à la charge, il est vrai, de m'épouser, ou de m'en donner deux cent mille; cela est à son choix; mais le Marquis ne sent rien pour moi; j'en suis sûre. De plus, je suis presque certaine qu'il a de l'inclination pour la Comtesse; d'ailleurs, il est déjà assez riche par lui-même : voilà encore une succession de six cent mille francs qui lui vient, à laquelle il ne s'attendait pas; et vous croyez que, plutôt que d'en distraire deux cent mille, il aimera mieux m'épouser, moi qui lui suis indifférente, pendant qu'il a de l'amour pour la Comtesse, qui peut-être ne le hait pas, et qui a plus de bien que moi? Il n'y a pas d'apparence.

LE CHEVALIER.

Mais à quoi jugez-vous que la comtesse ne le hait pas?

HORTENSE.

A mille petites remarques que je fais tous

les jours, et je n'en suis pas surprise. Du caractère dont elle est, celui du Marquis doit
être de son goût. La Comtesse est une femme
brusque, qui aime à primer, à gouverner, à
être la maîtresse. Le Marquis est un homme
doux, paisible, aisé à conduire; et voilà ce
qu'il faut à la Comtesse. D'ailleurs, le Marquis est d'un âge qui lui convient; elle n'est
plus de cette grande jeunesse; il a trente-
cinq à quarante ans, et je vois bien qu'elle
serait charmée de vivre avec lui.

LE CHEVALIER.

Mais, s'il accepte votre main?

HORTENSE.

Eh! non, vous dis-je; laissez-moi faire. Je
crois qu'il espère que ce sera moi qui le refu-
serai; peut-être même feindra-t-il de consentir à notre union; mais que cela ne vous épouvante pas. Vous n'êtes point assez riche pour
m'épouser avec deux cent mille francs de
moins, et je suis bien aise de vous les apporter en mariage. Je suis persuadée que la
Comtesse et le Marquis ne se haïssent pas.
Voyons ce que me diront là-dessus L'Epine et
Lisette, qui vont venir me parler. L'un est
un Gascon froid, mais adroit; Lisette a de
l'esprit. Je sais qu'ils ont tous deux la confiance de leurs maîtres; je les intéresserai à
m'instruire, et tout ira bien. Les voilà qui
viennent; retirez-vous. (*Le Chevalier sort.*)

SCÈNE II

LISETTE, HORTENSE, L'ÉPINE.

HORTENSE.

Venez, Lisette, approchez.

LISETTE.

Que souhaitez-vous de nous, madame?

HORTENSE.

Rien que vous ne puissiez me dire sans blesser la fidélité que vous devez (*à L'Epine*) vous au Marquis, (*à Lisette*) et vous à la Comtesse.

LISETTE.

Tant mieux, madame.

L'ÉPINE.

Ce début encourage. Nos services vous sont acquis.

HORTENSE, *tirant quelque argent de sa poche.*

Tenez, Lisette, tout service mérite récompense.

LISETTE, *refusant d'abord.*

Du moins, madame, faudrait-il savoir auparavant de quoi il s'agit.

HORTENSE.

Prenez; je vous le donne, quoi qu'il arrive. (*A L'Epine en lui donnant quelques louis.*) Voilà pour vous, monsieur de L'Epine.

L'ÉPINE.

Madame, je serais volontiers de l'avis de mademoiselle; mais je prends. Le respect défend que je raisonne.

HORTENSE.

Je ne prétends vous engager en rien; et voici de quoi il est question. Dites-moi, L'Epine, je me figure que le Marquis aime la Comtesse; me trompé-je? Il n'y a point d'inconvénient à me dire ce qui en est. Soupçonnez-vous qu'il l'aime?

L'ÉPINE.

De soupçons, j'en ai de violents. Je m'en éclaircirai tantôt.

HORTENSE.

Et vous, Lisette, quel est votre sentiment sur la Comtesse?

LISETTE.

Qu'elle ne songe point du tout au Marquis, madame.

L'ÉPINE.

Je diffère avec vous de pensée.

HORTENSE.

Je crois aussi qu'ils s'aiment. Et, supposons que je ne me trompe pas, du caractère dont ils sont, ils auront de la peine à s'en parler. (*A L'Epine.*) Vous, L'Epine, voudriez-vous exciter le Marquis à le déclarer à la Comtesse? (*A Lisette.*) Et vous, Lisette, disposer la Comtesse à se l'entendre dire? Ce sera une industrie fort innocente.

L'ÉPINE.

Et même louable.

LISETTE, *rendant l'argent.*

Madame, permettez que je vous rende votre argent.

HORTENSE.

Gardez. D'où vient...?

LISETTE.

C'est qu'il me semble que voilà précisément le service que vous exigez de moi, et c'est précisément celui que je ne puis vous rendre. Ma maîtresse est veuve; elle est tranquille; son état est heureux, ce serait dommage de l'en tirer; je prie le ciel qu'elle y reste.

L'ÉPINE, *froidement.*

Quant à moi, je garde mon lot; rien ne m'oblige à restitution; j'ai la volonté de vous être utile. M. le Marquis vit dans le célibat; mais le mariage, il est bon, très-bon, il a ses peines, chaque état a les siennes; quelquefois le mien me pèse : le tout est égal. Oui, je vous servirai, madame, je vous servirai, je n'y vois point de mal. On s'est

marié de tout temps, on se mariera toujours,
on n'a que cette honnête ressource quand on
s'aime.

HORTENSE.

Vous me surprenez, Lisette, d'autant plus
que je m'imaginais que vous pouviez vous
aimer tous deux.

LISETTE.

C'est de quoi il n'est pas question de ma
part.

L'ÉPINE.

De la mienne, j'en suis demeuré à l'estime.
Néanmoins, mademoiselle est aimable, mais
j'ai passé mon chemin sans y prendre garde.

LISETTE.

J'espère que vous passerez toujours de
même.

HORTENSE.

Voilà ce que j'avais à vous dire. Adieu, Lisette; vous ferez ce qu'il vous plaira; je ne
vous demande que le secret. J'accepte vos
services, L'Epine.   (*Elle sort.*)

SCÈNE III

LISETTE, L'ÉPINE.

LISETTE.

Nous n'avons rien à nous dire, mons de
L'Epine; j'ai affaire, et je vous laisse.

L'ÉPINE.

Doucement, mademoiselle, retardez d'un
moment, je trouve à propos de vous infor-
mer d'un petit accident qui m'arrive.

LISETTE.

Voyons.

L'ÉPINE.

D'homme d'honneur, je n'avais pas envisagé vos grâces, je ne connaissais pas votre mine.

LISETTE.

Qu'importe ? Je vous en assure autant : c'est tout au plus si je connais actuellement la vôtre.

L'ÉPINE.

Cette dame se figurait que nous nous aimions.

LISETTE.

Eh bien, elle se figurait mal.

L'ÉPINE.

Attendez; voici l'accident. Son discours a fait que mes yeux se sont arrêtés dessus vous plus attentivement que de coutume.

LISETTE.

Vos yeux ont pris bien de la peine.

L'ÉPINE.

Et vous êtes jolie, sandis; oh! très-jolie!

LISETTE.

Ma foi, monsieur de L'Epine, vous êtes galant, oh! très-galant.

L'ÉPINE.

A mon exemple, envisagez-moi, je vous prie; faites-en l'épreuve.

LISETTE.

Oui-dà. Tenez, je vous regarde.

L'ÉPINE.

Eh donc! est-ce là ce L'Epine que vous connaissiez? N'y voyez-vous rien de nouveau? Que vous dit le cœur?

LISETTE.

Pas le mot. Il n'y a rien là pour lui.

L'ÉPINE.

Quelquefois pourtant nombre de gens ont estimé que j'étais un garçon assez revenant; mais nous y retournerons, c'est partie à re-

mettre. Ecoutez le restant. Il est certain que
mon maître distingue tendrement votre maîtresse. Aujourd'hui même il m'a confié qu'il
méditait de vous communiquer ses sentiments.

LISETTE.

Comme il lui plaira. La réponse que j'aurai l'honneur de lui communiquer sera courte.

L'ÉPINE.

Remarquons, d'abondance, que la Comtesse
se plaît avec mon maître, qu'elle a l'âme
joyeuse en le voyant. Vous me direz que nos
gens sont d'étranges personnes, et je vous
l'accorde. Le Marquis, homme tout simple,
peu hasardeux dans le discours, n'osera jamais aventurer la déclaration; et des décla-
rations, la Comtesse les épouvante. Dans
cette conjoncture, j'opine que nous encoura-
gions ces deux personnages. Qu'en sera-t-il?
Qu'ils s'aimeront bonnement, en toute sim-
plesse, et qu'ils s'épouseront de même. Qu'en
sera-t-il? Qu'en me voyant votre camarade,
vous me rendez votre mari par la douce habitude de me voir. Eh donc! parlez; êtes-vous
d'accord?

LISETTE.

Non.

L'ÉPINE.

Mademoiselle, est-ce mon amour qui vous
déplaît?

LISETTE.

Oui.

L'ÉPINE.

En peu de mots vous dites beaucoup. Mais
considérez l'occurrence. Je vous prédis que
nos maîtres se marieront. Que la commodité
vous tente.

LISETTE.

Je vous prédis qu'ils ne se marieront point.

Je ne veux pas, moi. Ma maîtresse, comme vous dites fort habilement, tient l'amour au-dessous d'elle, et j'aurai soin de l'entretenir dans cette humeur, attendu qu'il n'est pas de mon petit intérêt qu'elle se marie. Ma condition n'en serait pas si bonne, entendez-vous? Il n'y a pas d'apparence que la Comtesse y gagne, et moi j'y perdrais beaucoup: j'ai fait un petit calcul là-dessus, au moyen duquel je trouve que tous vos arrangements me dérangent, et ne me valent rien. Ainsi, croyez-moi, quelque jolie que je sois, conti-nuez de n'en rien voir; laissez là la décou-verte que vous avez faite de mes grâces, et passez toujours sans y prendre garde.

L'ÉPINE, *froidement*.

Je les ai vues, mademoiselle; j'en suis frappé, et n'ai de remède que votre cœur.

LISETTE.

Tenez-vous donc pour incurable.

L'ÉPINE.

Me donnez-vous votre dernier mot?

LISETTE.

Je n'y changerai pas une syllabe.

(*Elle veut s'en aller.*)

L'ÉPINE, *l'arrêtant*.

Permettez que je reparte. Vous calculez; moi de même. Selon vous, il ne faut pas que nos gens se marient; il faut qu'ils s'épousent, selon moi, je le prétends.

LISETTE.

Mauvaise gasconnade.

L'ÉPINE.

Patience. Je vous aime, et vous me refusez le réciproque? Je calcule qu'il me fait besoin, je l'aurai, sandis!

LISETTE, *le contrefaisant.*

Vous ne l'aurez pas, sandis!

L'ÉPINE.

J'ai tout dit. Laissez parler mon maître, qui nous arrive.

SCÈNE IV

LISETTE, LE MARQUIS, L'ÉPINE.

LE MARQUIS.

Ah! vous voici, Lisette? Je suis bien aise de vous trouver.

LISETTE.

Je vous suis obligée, monsieur; mais je m'en allais.

LE MARQUIS.

Vous vous en alliez? J'avais pourtant quelque chose à vous dire. Etes-vous un peu de nos amis?

L'ÉPINE.

Petitement.

LISETTE.

J'ai beaucoup d'estime et de respect pour monsieur le Marquis.

LE MARQUIS.

Tout de bon? Vous me faites plaisir, Lisette; je fais beaucoup de cas de vous aussi. Vous me paraissez une très-bonne fille, et vous êtes à une maîtresse qui a bien du mérite.

LISETTE.

Il y a longtemps que je le sais, monsieur.

LE MARQUIS.

Ne vous parle-t-elle jamais de moi? Que vous en dit-elle?

LISETTE.

Oh! rien.

LE MARQUIS.

C'est que, entre nous, il n'y a point de
femme que j'aime tant qu'elle.

LISETTE.

Qu'appelez-vous aimer, monsieur le Marquis? Est-ce de l'amour que vous entendez?

LE MARQUIS.

Eh! mais, oui, de l'amour, de l'inclination,
comme tu voudras, le nom n'y fait rien. Je
l'aime mieux qu'une autre. Voilà tout.

LISETTE.

Cela se peut.

LE MARQUIS.

Mais elle n'en sait rien, je n'ai pas osé le
lui apprendre. Je n'ai pas trop le talent de
parler d'amour.

LISETTE.

C'est ce qu'il me semble.

LE MARQUIS.

Oui, cela m'embarrasse; et, comme ta maîtresse est une femme fort raisonnable, j'ai
peur qu'elle ne se moque de moi, et je ne
saurais plus que lui dire; de sorte que j'ai
rêvé qu'il serait bon que tu la previnsses en
ma faveur.

LISETTE.

Je vous demande pardon, monsieur; mais il
fallait rêver tout le contraire. Je ne puis rien
pour vous, en vérité.

LE MARQUIS.

Eh! d'où vient? Je t'aurai grande obligation. Je payerai bien tes peines; (*montrant
L'Épine*) et, si ce garçon-là te convenait, je

vous ferais un fort bon parti à tous les deux.

L'ÉPINE, *froidement, et sans regarder Lisette.*

Derechef, recueillez-vous là-dessus, mademoiselle.

LISETTE.

Il n'y a pas moyen, monsieur le Marquis. Si je parlais de vos sentiments à ma maîtresse, vous avez beau dire que le nom n'y fait rien, je me brouillerais avec elle, je vous y brouillerais vous-même. Ne la connaissez-vous pas?

LE MARQUIS.

Tu crois donc qu'il n'y a rien à faire?

LISETTE.

Absolument rien.

LE MARQUIS.

Tant pis. Cela me chagrine. Elle me fait tant d'amitié, cette femme! Allons, il ne faut donc plus y penser.

L'ÉPINE, *froidement.*

Monsieur, ne vous déconfortez pas du récit de mademoiselle; n'en tenez point compte, elle vous triche. Retirons-nous. Venez me consulter à l'écart, je serai plus consolant.

LE MARQUIS.

Viens. Voyons ce que tu as à me dire. Adieu, Lisette, ne me nuis pas, voilà tout ce que j'exige.   (*Il sort.*)

SCÈNE V

LISETTE, L'ÉPINE.

L'ÉPINE, *parlant toujours au Marquis.*

N'exigez rien. Ne gênons point mademoiselle, soyons galamment ennemis déclarés;

faisons-nous du mal en toute franchise. (*A Lisette.*) Adieu, gentille personne; je vous chéris ni plus ni moins; gardez-moi votre cœur, c'est un dépôt que je vous laisse.

LISETTE.

Adieu, mon pauvre L'Epine; vous êtes peut-être, de tous les fous de la Garonne, le plus effronté, mais aussi le plus divertissant.

(*L'Epine sort.*)

SCÈNE VI

LISETTE, *seule.*

Voici ma maîtresse. De l'humeur dont elle est, je crois que cet amour-ci ne la divertira guère. Gare que le Marquis ne soit bientôt congédié.

SCÈNE VII

LA COMTESSE, LISETTE.

LA COMTESSE, *tenant une lettre.*

Tenez, Lisette, dites qu'on porte cette lettre à la poste. En voilà dix que j'écris depuis trois semaines. La sotte chose qu'un procès! que j'en suis lasse! Je ne m'étonne pas s'il y a tant de femmes qui se remarient.

LISETTE, *riant.*

Bon! votre procès! Une affaire de dix mille francs! voilà quelque chose de bien considérable pour vous. Avez-vous envie de vous remarier? j'ai votre affaire.

LA COMTESSE.

Qu'est-ce que c'est qu'envie de me remarier? Pourquoi me dites-vous cela?

LISETTE.

Ne vous fâchez pas, je ne veux que vous divertir.

LA COMTESSE.

Ce pourrait être quelqu'un de Paris qui vous
aurait fait une confidence; en tout cas ne
me le nommez pas.

LISETTE.

Oh! il faut cependant que vous connaissiez
celui dont je parle.

LA COMTESSE.

Brisons là-dessus. Je rêve à une chose. Le
Marquis n'a ici qu'un valet de chambre, dont
il a peut-être besoin, et je voulais lui demander s'il n'a pas quelque paquet à mettre à la
poste, on le porterait avec le mien. Où est-il,
le Marquis? L'as-tu vu ce matin?

LISETTE.

Oh! oui. Malepeste! il a ses raisons pour
être éveillé de bonne heure. Revenons au mari
que j'ai à vous donner. Celui qui brûle pour
vous, et que vous avez enflammé de passion...

LA COMTESSE.

Qui est ce benêt-là?

LISETTE.

Vous le devinez.

LA COMTESSE.

Celui qui brûle est un sot. Je ne veux rien
savoir de Paris.

LISETTE.

Ce n'est point de Paris : votre conquête est
dans le château. Vous l'appelez benêt; moi,
je vais le flatter; c'est un soupirant qui a
l'air fort simple, un air de bonhomme. Y êtes-
vous?

LA COMTESSE.

Nullement. Qui est-ce qui ressemble à celui-ci?

LISETTE.

Eh! le Marquis.

LE LEGS.   5

LA COMTESSE.

Celui qui est avec nous?

LISETTE.

Lui-même.

LA COMTESSE.

Je n'avais garde d'y être. Où as-tu pris
son air simple et de bonhomme? Dis donc un
air franc et ouvert; à la bonne heure, il sera
reconnaissable.

LISETTE.

Ma foi, madame, je vous le rends comme je
le vois.

LA COMTESSE.

Tu le vois très-mal, on ne peut pas plus
mal; en mille ans, on ne le devinerait pas à
ce portrait-là. Mais de qui tiens-tu ce que tu
me contes de son amour?

LISETTE.

De lui, qui me l'a dit; rien que cela. N'en
riez-vous pas? Ne faites pas semblant de le
savoir. Au reste, il n'y a qu'à vous en défaire
tout doucement.

LA COMTESSE.

Hélas! je ne lui en veux point de mal. C'est
un fort honnête homme, un homme dont je
fais cas, qui a d'excellentes qualités; et
j'aime encore mieux que ce soit lui qu'un autre. Mais ne te trompes-tu pas aussi? Il
ne t'aura peut-être parlé que d'estime; il en a
beaucoup pour moi, beaucoup; il me l'a mar-
quée en mille occasions, d'une manière fort
obligeante.

LISETTE.

Non, madame, c'est de l'amour qui regarde
vos appas; c'est de la flamme. Il languit, il
soupire.

LA COMTESSE.

Est-il possible? Sur ce pied-là je le plains;

car ce n'est pas un étourdi : il faut qu'il le
sente, puisqu'il le dit, et ce n'est pas de ces
gens-là dont je me moque : jamais leur amour
n'est ridicule. Mais il n'osera m'en parler,
n'est-ce pas ?

LISETTE.

Oh ! ne craignez rien ; j'y ai mis bon ordre :
il ne s'y jouera pas. Je lui ai ôté toute espérance ; n'ai-je pas bien fait ?

LA COMTESSE.

Mais... oui, sans doute ; oui... pourvu que
vous ne l'ayez pas brusqué, pourtant : il fallait
y prendre garde ; c'est un ami que je veux
conserver. Et vous avez quelquefois le ton
dur et revêche, Lisette ; il valait mieux le
laisser dire.

LISETTE.

Point du tout. Il voulait que je vous parlasse en sa faveur.

LA COMTESSE.

Ce pauvre homme !

LISETTE.

Et je lui ai répondu que je ne pouvais pas
m'en mêler ; que je me brouillerais avec vous
si je vous en parlais ; que vous me donneriez mon congé, que vous lui donneriez le sien.

LA COMTESSE.

Le sien ! Quelle grossièreté ! Ah ! que c'est
mal parler ! Son congé ! Et même, est-ce que
je vous aurais donné le vôtre ? Vous savez
bien que non. D'où vient mentir, Lisette ?
C'est un ennemi que vous m'allez faire d'un
homme du monde que je considère le plus,
et qui le mérite le mieux. Quel sot langage
de domestique ! Eh ! il était si simple de
vous tenir à lui dire : Monsieur, je ne saurais ; ce ne sont pas là mes affaires ; parlez-
en vous-même. Et je voudrais qu'il eût m'en

parler, pour raccommoder un peu votre mal-
honnêteté. Son congé ! son congé ! Il va se
croire insulté.

LISETTE.

Eh! non, madame; il était impossible de
vous en débarrasser à moins de frais. Faut-il
que vous l'aimiez, de peur de le fâcher ? Voulez-vous être sa femme par politesse, lui qui
doit épouser Hortense? Je ne lui ai rien dit
de trop; et vous en voilà quitte.

SCÈNE VIII

LA COMTESSE, LISETTE; LE MARQUIS
et L'EPINE, *dans le fond.*

LISETTE.

Mais je l'aperçois qui vient en rêvant. Evi-
tez-le ; vous avez le temps.

LA COMTESSE.

L'éviter? lui qui me voit? Ah! je m'en garderai bien. Après les discours que vous
lui avez tenus, il croirait que je vous les ai
dictés.
(*La timidité s'empare du Marquis, et il se sa
précipitamment; L'Epine court après lui.*)

SCÈNE IX

LA COMTESSE, LISETTE.

LA COMTESSE.

Non, non, je ne changerai rien à ma façon
de vivre avec lui. Allez porter ma lettre.

LISETTE, *à part.*

Hum! il y a ici quelque chose. (*Haut.*) Madame, je suis d'avis de rester auprès de vous:
cela m'arrive souvent, et vous en serez plus
à l'abri d'une déclaration.

THE CENTRAL DRUG STORE,

605 COURT STREET,

TELEPHONE 934.   **SAGINAW, MICH.**

PHYSICIAN and SURGEON.

Office over Central Drug Store. 605 Court St. Saginaw, Mich

For.......... ....

℞

LA COMTESSE.

Belle finesse! Quand je lui échapperais aujourd'hui, ne me trouvera-t-il pas demain? Il faudrait donc vous avoir toujours à mes côtés? Non, non, partez. S'il me parle, je sais répondre.

LISETTE, *à part, en s'en allant.*

Ma foi, cette femme ne va pas droit avec moi.

SCÈNE X

LA COMTESSE, *seule.*

Elle avait la fureur de rester. Les domestiques sont haïssables; il n'y a pas jusqu'à leur zèle qui ne vous désoblige. C'est toujours de travers qu'ils vous servent.

SCÈNE XI

L'EPINE, LA COMTESSE.

L'ÉPINE.

Madame, M. le Marquis vous a vue de loin avec Lisette; il demande s'il n'y a point de mal qu'il approche. Il a le désir de vous consulter; mais il se fait le scrupule de vous être importun.

LA COMTESSE.

Lui, importun! Il ne saurait l'être. Dites-lui que je l'attends, L'Epine; qu'il vienne.

L'ÉPINE.

Je vais le réjouir de la nouvelle. Vous l'allez voir dans la minute. (*Appelant le Marquis.*) Monsieur, venez prendre audience, Madame l'accorde. (*Il sort.*)

SCÈNE XII

LA COMTESSE, LE MARQUIS.

LA COMTESSE.

Eh! d'où vient donc la cérémonie que vous
faites, Marquis? Vous n'y songez pas.

LE MARQUIS.

Madame, vous avez bien de la bonté. C'est
que j'ai bien des choses à vous dire.

LA COMTESSE.

Effectivement, vous me paraissez rêveur,
inquiet.

LE MARQUIS.

Oui, j'ai l'esprit en peine. J'ai besoin de
conseil, j'ai besoin de grâces; et le tout de
votre part.

LA COMTESSE.

Tant mieux. Vous avez encore moins besoin
de tout cela, que je n'ai d'envie de vous être
bonne à quelque chose.

LE MARQUIS.

Oh! bonne! Il ne tient qu'à vous de m'être
excellente, si vous voulez.

LA COMTESSE.

Comment, si je veux? Manquez-vous de
confiance? Ah! je vous prie, ne me mé-
nagez point; vous pouvez tout sur moi,
Marquis; je suis bien aise de vous le dire.

LE MARQUIS.

Cette assurance m'est bien agréable, et je
serais tenté d'en abuser.

LA COMTESSE.

J'ai grand'peur que vous ne résistiez à la
tentation. Vous ne comptez pas assez sur
vos amis, Marquis; vous êtes trop réservé
avec eux.

LE MARQUIS.

Oui, j'ai beaucoup de timidité.

LA COMTESSE.

Beaucoup, cela est vrai.

LE MARQUIS.

Vous savez dans quelle situation je suis avec Hortense; que je dois l'épouser, ou lui donner deux cent mille francs.

LA COMTESSE.

Oui, et je me suis aperçue que vous n'aviez pas grand goût pour elle.

LE MARQUIS.

Oh! on ne peut pas moins. Je ne l'aime point du tout.

LA COMTESSE.

Je n'en suis pas surprise. Son caractère est si différent du vôtre! Elle a quelque chose de trop arrangé pour vous.

LE MARQUIS.

Vous y êtes: elle songe trop à ses grâces; il faudrait toujours l'entretenir de compliments; et moi, ce n'est pas là mon fort. La coquetterie me gêne, elle me rend muet.

LA COMTESSE.

Ah! ah! je conviens qu'elle en a un peu; mais presque toutes les femmes sont de même. Vous ne trouverez que cela partout, Marquis.

LE MARQUIS.

Hors chez vous. Quelle différence! Par exemple, vous plaisez sans y penser; ce n'est pas votre faute. Vous ne savez pas seulement que vous êtes aimable; mais d'autres le savent pour vous.

LA COMTESSE.

Moi, Marquis! je pense qu'à cet égard-là les autres songent aussi peu à moi que j'y songe moi-même.

LE MARQUIS.

Oh! j'en connais qui ne vous disent pas tout ce qu'ils songent.

LA COMTESSE.

Eh ! qui sont-ils, Marquis? Quelques amis comme vous, sans doute ?

LE MARQUIS.

Bon ! des amis ! voilà bien de quoi : vous n'en aurez encore de longtemps.

LA COMTESSE.

Je vous suis obligée du petit compliment que vous me faites en passant.

LE MARQUIS.

Point du tout. Je le dis exprès.

LA COMTESSE, *riant*.

Comment? Vous qui ne voulez pas que j'aie encore des amis, est-ce que vous n'êtes pas le mien?

LE MARQUIS.

Vous m'excuserez. Mais quand je serais autre chose, il n'y aurait rien de surprenant.

LA COMTESSE.

Eh bien ! je ne laisserais pas que d'en être surprise.

LE MARQUIS.

Et encore plus fâchée ?

LA COMTESSE.

En vérité, surprise. Je veux pourtant croire que je suis aimable, puisque vous le dites.

LE MARQUIS.

Oh! charmant! Et je serais bien heureux si Hortense vous ressemblait; je l'épouserais d'un grand cœur, et j'ai bien de la peine à m'y résoudre.

LA COMTESSE.

Je le crois; et ce serait encore pis si vous aviez de l'inclination pour une autre .

LE MARQUIS.

Eh bien ! c'est que justement le pis s'y trouve.

LA COMTESSE, *par exclamation.*

Oui ! vous aimez ailleurs ?

LE MARQUIS.

De toute mon âme.

LA COMTESSE, *en souriant.*

Je m'en suis doutée, Marquis.

LE MARQUIS.

Eh ! vous êtes-vous aussi doutée de la personne ?

LA COMTESSE.

Non; mais vous me la direz.

LE MARQUIS.

... Vous me feriez grand plaisir de la deviner.

LA COMTESSE.

Eh ! pourquoi m'en donneriez-vous la peine, puisque vous voilà ?

LE MARQUIS.

C'est que vous ne connaissez qu'elle : c'est la plus aimable femme ! la plus franche !... Vous parlez de gens sans façon; il n'y a personne comme elle : plus je la vois, plus je l'admire.

LA COMTESSE.

Epousez-la, Marquis, épousez-la, et laissez là Hortense; il n'y a point à hésiter; vous n'avez point d'autre parti à prendre.

LE MARQUIS.

Oui, mais je songe à une chose. N'y aurait-il pas moyen de me sauver les deux cent mille francs ? Je vous parle à cœur ouvert.

LA COMTESSE.

Regardez-moi dans cette occasion-ci comme un autre vous-même.

LE MARQUIS.

Ah! que c'est bien dit, un autre moi-même!

LA COMTESSE.

Ce qui me plaît en vous, c'est votre franchise,
qui est une qualité admirable. Revenons. Comment vous sauver ces deux cent mille francs?

LE MARQUIS.

C'est qu'Hortense aime le Chevalier... Mais,
à propos, c'est votre parent?

LA COMTESSE.

Oh! parent de loin.

LE MARQUIS.

Or, de cet amour qu'elle a pour lui, je conclus qu'elle ne se soucie pas de moi. Je n'ai
donc qu'à faire semblant de vouloir l'épouser;
elle me refusera, et je ne lui devrai plus rien;
son refus me servira de quittance.

LA COMTESSE.

Oui-dà, vous pouvez le tenter. Ce n'est pas
qu'il n'y ait du risque; elle a du discernement,
Marquis. Vous supposez qu'elle vous refusera.
Je n'en sais rien; vous n'êtes pas un homme
à dédaigner.

LE MARQUIS.

Est-il vrai?

LA COMTESSE.

C'est mon sentiment.

LE MARQUIS.

Vous me flattez, vous encouragez ma franchise.

LA COMTESSE.

Vous encouragez ma franchise! Mais mettez-vous donc dans l'esprit que je ne demande qu'à vous obliger, entendez-vous? et
que cela soit dit pour toujours.

LE MARQUIS.

Vous me ravissez d'espérance.

LA COMTESSE.

Allons par ordre. Si Hortense allait vous prendre au mot?

LE MARQUIS.

J'espère que non : en tout cas, je lui payerais sa somme, pourvu qu'auparavant la personne qui a pris mon cœur ait la bonté de me dire qu'elle veut bien de moi.

LA COMTESSE.

Hélas ! elle serait donc bien difficile? Mais, Marquis, est-ce qu'elle ne sait pas que vous l'aimez?

LE MARQUIS.

Non, vraiment; je n'ai pas osé le lui dire.

LA COMTESSE.

Et le tout par timidité. Oh! en vérité, c'est la pousser trop loin. Et, tout amie que je suis des bienséances, je ne vous approuve pas : ce n'est pas se rendre justice.

LE MARQUIS.

Elle est si sensée, que j'ai peur d'elle. Vous me conseillez donc de lui en parler?

LA COMTESSE.

Eh ! cela devrait être fait. Peut-être vous attend-elle. Vous dites qu'elle est sensée; que craignez-vous? Il est louable de penser modestement de soi; mais, avec de la modestie, on parle, on se propose. Parlez, Marquis; parlez, tout ira bien.

LE MARQUIS.

— Hélas! si vous saviez qui c'est, vous ne m'exhorteriez pas tant. Que vous êtes heureuse de n'aimer rien, et de mépriser l'amour !

LA COMTESSE.

Moi, mépriser ce qu'il y a au monde de plus naturel! cela ne serait pas raisonnable. Ce n'est pas l'amour, ce sont les amants tels qu'ils sont la plupart, que je méprise, et non pas le

sentiment qui fait qu'on aime, qui n'a rien en
soi que de fort honnête et de fort involon-
taire : c'est le plus doux sentiment de la vie,
comment le haïrais-je? Non, certes; et il y a
tel homme à qui je pardonnerais de m'aimer
s'il me l'avouait avec cette simplicité de caractère, tenez, que je louais tout à l'heure en vous.

LE MARQUIS.

En effet, quand on le dit naïvement comme
on le sent.....

LA COMTESSE.

Il n'y a point de mal alors : on a toujours
bonne grâce; voilà ce que je pense. Je ne suis
pas une âme sauvage.

LE MARQUIS.

Ce serait bien dommage! Vous avez la
plus belle santé!...

LA COMTESSE, *à part.*

Il est bien question de ma santé. (*Haut.*)
C'est l'air de la campagne.

LE MARQUIS.

L'air de la ville vous fait de même. L'œil
le plus vif, le teint le plus frais!

LA COMTESSE,

Je me porte assez bien. Mais savez-vous bien
que vous me dites des douceurs sans y penser?

LE MARQUIS.

Pourquoi sans y penser? moi, j'y pense.

LA COMTESSE.

Gardez-les pour la personne que vous aimez.

LE MARQUIS.

Eh! si c'était vous, il n'y aurait que faire
de les garder.

LA COMTESSE.

Comment! si c'était moi! Est-ce de moi
dont il s'agit? Qu'est-ce que cela signifie? Est-
ce une déclaration d'amour que vous me faites?

LE MARQUIS.

Oh! point du tout! Mais, quand ce serait
vous... il n'est pas nécessaire de se fâcher. Ne
dirait-on pas que tout est perdu? Calmez-
vous; prenez que je n'aie rien dit.

LA COMTESSE.

La belle chute! Vous êtes bien singulier.

LE MARQUIS.

Et vous, de bien mauvaise humeur. Eh! tout
à l'heure, à votre avis, on avait si bonne grâce
à dire naïvement qu'on aime. Voyez comme
cela réussit! Me voilà bien avancé!

LA COMTESSE.

Ne le voilà-t-il pas bien reculé! A qui en
avez-vous? Je vous demande à qui vous parlez.

LE MARQUIS.

A personne, madame, à personne. Je ne vous
dirai plus mot: êtes-vous contente? Si vous
vous mettez en colère contre tous ceux qui
me ressemblent, vous en querellerez bien
d'autres.

LA COMTESSE, *à part.*

Quel original! (*Haut.*) Eh! qui est-ce qui
vous querelle?

LE MARQUIS.

Ah! la manière dont vous me refusez n'est
pas douce.

LA COMTESSE.

Allez, vous rêvez.

LE MARQUIS.

Courage! Avec la qualité d'original dont
vous venez de m'honorer tout bas, il ne me
manquait plus que celle de rêveur: au surplus
je ne m'en plains pas. Je ne vous conviens
point, qu'y faire? Il n'y a plus qu'à me taire,
et je me tairai. Adieu, Comtesse; n'en soyons
pas moins bons amis, et, du moins, ayez la

consenti de m'aider à me tirer d'affaire avec Hortense. (*Il s'éloigne comme pour sortir.*)

LA COMTESSE, *à elle-même.*

Quel homme! Celui-ci ne m'ennuiera pas du récit de mes rigueurs. J'aime les gens simples et unis; mais, en vérité, celui-là l'est trop.

SCÈNE XIII

LA COMTESSE, LE MARQUIS, HORTENSE.

HORTENSE, *arrêtant le Marquis prêt à sortir.*

Monsieur le Marquis, je vous prie, ne vous en allez pas: nous avons à nous parler, et madame peut être présente.

LE MARQUIS.

Comme vous voudrez, madame.

HORTENSE.

Vous savez ce dont il s'agit.

LE MARQUIS.

Non, je ne sais pas ce que c'est; je ne m'en souviens plus.

HORTENSE.

Vous me surprenez! Je me flattais que vous seriez le premier à rompre le silence. Il est humiliant pour moi d'être obligée de vous prévenir. Avez-vous oublié qu'il y a un testament qui nous regarde?

LE MARQUIS.

Oh! oui; je me souviens du testament.

HORTENSE.

Et qui dispose de ma main en votre faveur?

LE MARQUIS.

Oui, madame, oui; il faut que je vous épouse; cela est vrai.

HORTENSE.

Eh bien! monsieur, à quoi vous déterminez-vous? Il est temps de fixer mon état. Je ne

vous cache point que vous avez un rival :
c'est le Chevalier, qui est parent de madame,
que je ne vous préfère pas, mais que je préfère à tout autre, et que j'estime assez pour en
faire mon époux, si vous ne devenez pas le
mien; c'est ce que je lui ai dit jusqu'ici; et,
comme il m'assure avoir des raisons pressantes
de savoir, aujourd'hui même, à quoi s'en tenir,
je n'ai pu lui refuser de vous parler. Monsieur, le congédierai-je, ou non? Que voulez-
vous que je lui dise? Ma main est à vous, si
vous la demandez.

LE MARQUIS.

Vous me faites bien de la grâce : je la prends,
mademoiselle.

HORTENSE.

Voilà qui est donc arrêté? Nous ne sommes
qu'à une lieue de Paris; il est de bonne heure;
envoyons chercher un notaire.

SCÈNE XIV

LISETTE, *entrant d'un côté*, LA COMTESSE,
HORTENSE, LE CHEVALIER, *entrant de
l'autre côté*, LE MARQUIS.

HORTENSE.

Voici Lisette; je vais lui dire de nous faire
venir L'Epine. Lisette, on doit passer un contrat de mariage entre M. le Marquis et moi;
il veut tout à l'heure faire partir L'Epine pour
amener son notaire de Paris; ayez la bonté de
lui dire qu'il vienne recevoir ses ordres.

LISETTE.

J'y cours, madame.   (*Elle va pour sortir.*)

LA COMTESSE, *l'arrêtant.*

Où allez-vous? En fait de mariage, je ne veux
ni m'en mêler, ni que mes gens s'en mêlent.

LISETTE.

Moi, ce n'est que pour rendre service. Tenez, je n'ai que faire de sortir, je le vois sur la terrasse. (*Elle appelle.*) Monsieur de l'Epine!

LA COMTESSE, à part.

Cette sotte!

SCÈNE XV

LISETTE, L'EPINE, LA COMTESSE, LE MARQUIS, HORTENSE, LE CHEVALIER.

L'ÉPINE.

Qui est-ce qui m'appelle?

LISETTE.

Vite, vite à cheval. Il s'agit d'un contrat de mariage entre madame et votre maître, et il faut aller à Paris chercher le notaire de M. le marquis.

L'ÉPINE.

Nous avons la partie de chasse pour tantôt; je m'étais arrangé pour courir le lièvre, et non pas le notaire.

LE MARQUIS.

C'est pourtant le dernier qu'on veut.

L'ÉPINE.

Ce n'est pas la peine que je voyage pour avoir le vôtre; je le compte pour mort. Ne savez-vous pas? la fièvre le travaillait quand nous partîmes, avec le médecin par-dessus.

LISETTE, d'un air indifférent.

Il n'y a qu'à prendre celui de madame.

LA COMTESSE.

Il n'y a qu'à vous taire; car, si celui de monsieur est mort, le mien l'est aussi. Il y a quelque temps qu'il me dit qu'il était le sien.

HORTENSE.

Dites-lui qu'il parte, Marquis.

LE MARQUIS.

Comment voulez-vous que je m'y prenne

avec cet opiniâtre? Quand le me fâcherais,
il n'en sera ni plus ni moins; il faut donc le
chasser. (*A L'Epine.*) Retire-toi.

(*L'Epine et Lisette sortent.*)

SCÈNE XVI

LA COMTESSE, LE MARQUIS, HORTENSE, LE CHEVALIER.

HORTENSE.

On se passera de lui. Allez toujours écrire.
(*Elle feint de se retirer avec le Chevalier.*)

LE MARQUIS, *bas, à la Comtesse.*

Si je lui offrais cent mille francs? mais ils
ne sont pas prêts; je ne les ai point.

LA COMTESSE.

Je vous les prêterai, moi; je les ai à Paris.
Rappelez-les. Votre situation me fait de la
peine.

LE MARQUIS, *à Hortense.*

Madame, voulez-vous revenir? C'est que j'ai
une proposition à vous faire, et qui est tout
à fait raisonnable.

HORTENSE.

Une proposition! monsieur le Marquis, vous
m'avez donc trompée? Votre amour n'est pas
aussi vrai que vous me l'avez dit?

LE MARQUIS.

Que diantre voulez-vous? On prétend aussi
que vous ne m'aimez point, cela me chicane.
Ainsi, tenez, accommodons-nous plutôt. Par-
tageons le différent en deux: il y a deux cent
mille francs sur le testament, prenez-en la
moitié, quoique vous ne m'aimiez pas.

LE CHEVALIER, *bas, à Hortense.*

Je ne crains plus rien.

HORTENSE, *au Marquis.*

Vous n'y pensez pas, monsieur: cent mille

francs ne peuvent entrer en comparaison avec
l'avantage de vous épouser, et vous ne vous
évaluez pas ce que vous valez.

LE MARQUIS.

Ma foi, je ne les veux pas quand je suis de
mauvaise humeur; et je vous annonce que j'y
serai toujours.

HORTENSE.

Ma douceur naturelle me rassure.

LE MARQUIS.

Vous ne voulez donc pas? Allons notre
chemin; vous serez mariée.

HORTENSE.

Oui, finissons, monsieur; je vous épouserai;
il n'y a que cela à dire.

(Elle sort.)

LE MARQUIS.

Oui, parbleu! j'en aurai le plaisir.

SCÈNE XVII

LE MARQUIS, LA COMTESSE,
LE CHEVALIER.

LA COMTESSE, *arrêtant le Chevalier qui allait sortir.*

Restez, Chevalier; parlons un peu de ceci.
Y eut-il jamais rien de pareil? Qu'en pensez-
vous, vous qui aimez Hortense, vous qu'elle
aime? Ce mariage ne vous fait-il pas trem-
bler? Moi, qui ne suis pas son amant, il m'ef-
fraye.

LE CHEVALIER, *avec un effroi hypocrite.*

C'est une chose affreuse! Il n'y a point
d'exemple de cela.

LE MARQUIS.

Je ne m'en soucie guère : elle sera ma
femme; mais, en revanche, je serai son mari;
c'est ce qui me console, et ce sont plus ses

affaires que les miennes. Aujourd'hui le contrat, demain la noce, et ce soir confinée dans
son appartement; pas plus de façons. Je suis
piqué, je ne donnerais pas cela de plus.

LA COMTESSE, *au Chevalier.*

Pour moi, je serais d'avis qu'on les empê-
chât absolument de s'engager. Hortense peut-
elle se sacrifier à un aussi vil intérêt? Vous,
qui êtes né généreux, Chevalier, et qui avez
du pouvoir sur elle, retenez-la; faites-lui, par
pitié, entendre raison, si ce n'est par amour.
Je suis sûre qu'elle ne dispute si vilainement
qu'à cause de vous.

LE CHEVALIER, *à part.*

Il n'y a plus de risque à tenir bon. (*Haut:*)
Que voulez-vous que j'y fasse, Comtesse? Je
n'y vois point de remède.

LA COMTESSE.

Comment? Que dites-vous? Il faut que j'aie
mal entendu, car je vous estime.

LE CHEVALIER.

Je dis que je ne puis rien là-dedans, et que
c'est précisément ma tendresse qui me défend de la résoudre à ce que vous souhaitez.

LA COMTESSE.

Et par quel trait d'esprit me prouverez-
vous la justesse de ce raisonnement-là?

LE CHEVALIER.

Je veux qu'elle soit heureuse, si je l'épouse;
elle ne le serait pas assez avec la fortune que
j'ai. La douceur de notre union s'altérerait;
je la verrais se repentir de m'avoir épousé, de
n'avoir pas épousé monsieur, et c'est à quoi
je ne m'exposerai point.

LA COMTESSE.

On ne peut vous répondre qu'en haussant
les épaules. Est-ce vous qui me parlez, Chevalier?

LE CHEVALIER.

Oui, madame.

LA COMTESSE.

Vous avez donc l'âme mercenaire aussi, mon petit cousin? Je ne m'étonne donc plus de l'inclination que vous avez l'un pour l'autre. Oui, vous êtes digne d'elle; vos cœurs sont fort bien assortis. Ah! l'horrible façon d'aimer!

LE CHEVALIER.

Madame, la vraie tendresse ne...

LA COMTESSE.

Ah! monsieur, ne prononcez pas seulement le mot de tendresse; vous le profanez.

LE CHEVALIER.

Mais...

LA COMTESSE.

Vous me scandalisez, vous dis-je. Vous êtes mon parent, malheureusement; mais je ne m'en vanterai point. Ah! ciel! moi, qui vous estimais! Quelle avarice sordide! quel cœur sans sentiment! Et de pareils gens disent qu'ils aiment. Ah! le vilain amour! Vous pouvez vous retirer, je n'ai plus rien à vous dire.

LE MARQUIS, *brusquement.*

Ni moi plus rien à entendre. Le billet va partir. (*Au Chevalier.*) Monsieur, vous avez encore trois heures à entretenir Hortense; après quoi, j'espère qu'on ne vous verra plus.

LE CHEVALIER.

Monsieur, le contrat signé, je pars. (*A la Comtesse.*) Pour vous, Comtesse, quand vous y penserez bien sérieusement, vous excuserez votre parent, et vous lui rendrez plus de justice.   (*Il sort.*)

LA COMTESSE.

Ah! non; voilà qui est fini; je ne saurais le mépriser davantage.

SCÈNE XVIII

LA COMTESSE, LE MARQUIS.

LE MARQUIS.

Eh bien, suis-je assez à plaindre?

LA COMTESSE.

Eh! monsieur, délivrez-vous d'elle, et don-
nez-lui les deux cent mille francs.

LE MARQUIS.

Deux cent mille francs plutôt que de l'é-
pouser! Non, parbleu! je n'irai pas m'incom-
moder jusque-là; je ne pourrais pas les trouver sans me déranger.

LA COMTESSE, *négligemment.*

Ne vous ai-je pas dit que j'ai justement la
moitié de cette somme-là toute prête? A l'é-
gard du reste, on tâchera de vous le faire.

LE MARQUIS.

Eh! quand on emprunte, ne faut-il pas rendre! Si vous aviez voulu de moi, à la bonne
heure; mais, dès qu'il n'y a rien à faire, je
retiens la demoiselle; elle serait trop cher à
renvoyer.

LA COMTESSE.

Trop cher! Prenez donc garde, vous parlez comme eux. Seriez-vous capable de sentiments si mesquins? Il vaudrait mieux qu'il
vous en coûtât tout votre bien que de la re-
tenir, puisque vous ne l'aimez pas.

LE MARQUIS.

Eh! en aimerais-je une autre davantage?
A l'exception de vous, toute femme m'est
égale : brune, blonde, petite ou grande, tout
cela revient au même, puisque je ne vous ai
pas, que je ne puis vous avoir, et qu'il n'y a
que vous que j'aimais.

LA COMTESSE.

Voyez donc comment vous ferez; car enfin, est-ce une nécessité que je vous épouse à cause de la situation désagréable où vous êtes? En vérité, cela me paraît bien fort, Marquis.

LE MARQUIS.

Oh! je ne dis pas que ce soit une nécessité; vous me faites plus ridicule que je ne le suis. Je sais bien que vous n'êtes obligée à rien. Ce n'est pas votre faute si je vous aime, et je ne prétends pas que vous m'aimiez; je ne vous en parle point non plus.

LA COMTESSE, *impatiente, et d'un ton sérieux.*

Vous faites fort bien, monsieur; votre discrétion est tout à fait raisonnable.

LE MARQUIS.

Tout le mal qu'il y a, c'est que j'épouserai cette fille-ci avec un peu plus de peine que je n'en aurais eu sans vous. Voilà toute l'obligation que je vous ai. Adieu, Comtesse.

LA COMTESSE.

Adieu, Marquis. Eh bien, vous vous en allez donc gaillardement comme cela, sans imaginer d'autre expédient que ce contrat extravagant?

LE MARQUIS.

Eh! quel expédient? Je n'en savais qu'un, qui n'a pas réussi, et je n'en sais plus. Je suis votre très-humble serviteur.

(*Il sort en faisant plusieurs révérences.*)

LA COMTESSE.

Bonsoir, monsieur. Ne perdez pas de temps en révérences; la chose presse.

SCÈNE XIX

LA COMTESSE, *seule.*

Là, qu'on me dise en vertu de quoi cet

l'omme-là s'est mis dans la tête que je ne
l'aimais point? Je suis quelquefois, par impatience, tentée de lui dire que je l'aime, pour
lui montrer qu'il n'est qu'un idiot. Il faut que
je me satisfasse.

SCÈNE XX

L'ÉPINE, LA COMTESSE.

LA ÉPINE.

Puis-je prendre la licence de m'approcher
de madame la Comtesse?

LA COMTESSE.

Qu'as-tu à me dire?

L'ÉPINE.

De nous rendre réconciliés, M. le Marquis
et moi.

LA COMTESSE.

Il est vrai qu'avec l'esprit tourné comme il
l'a, il est homme à te punir de l'avoir bien
servi.

L'ÉPINE.

J'ai le contentement que vous avez approuvé
mon refus de partir. Il vous semble que je
suis un serviteur excellent, madame?

LA COMTESSE.

Oui, excellent.

L'ÉPINE.

C'est cependant mon excellence qui fait aujourd'hui que je chancelle dans mon poste.
Madame, enseignez à M. le Marquis le mérite
de mon procédé. Ce notaire me consternait.
Dans l'excès de mon zèle, je l'ai fait malade,
je l'ai fait mort, je l'aurais enterré, sandis!
le tout par affection, et néanmoins on me
gronde. (S'approchant de la Comtesse, d'un air
mystérieux.) Je sais au demeurant que M. le
Marquis vous aime.

LA COMTESSE, *brusquement.*

Cela se peut bien.

L'ÉPINE.

Eh! oui, madame, vous êtes le tourment de
son cœur; Lisette le sait : nous l'avions même
priée de vous en toucher deux mots pour
exciter votre compassion, mais elle a craint
la diminution de ses petits profits.

LA COMTESSE.

Je n'entends pas ce que cela veut dire.

L'ÉPINE.

Le voici au net. Elle prétend que votre état
de veuve lui rapporte davantage que ne ferait
votre état de femme en puissance d'époux,
que vous lui êtes plus profitable, autrement
dit, plus lucrative.

LA COMTESSE.

Plus lucrative! C'était donc là le motif de
ses refus? Lisette est une jolie petite personne! L'impertinente!

SCÈNE XXI

LISETTE, L'ÉPINE, LA COMTESSE.

LA COMTESSE.

La voici. Va, laisse-nous. Je te raccommo-
derai avec ton maître : dis-lui que je le prie
de me venir parler.

L'ÉPINE, *à Lisette.*

Mademoiselle, vous allez trouver le temps
orageux; mais ce n'est qu'une gentillesse de
ma façon, pour obtenir votre cœur. (*Il sort.*)

SCÈNE XXII

LA COMTESSE, LISETTE.

LISETTE, *à part, en s'approchant de la Comtesse.*

Que veut-il dire?

LA COMTESSE.

Ah! c'est donc vous?

LISETTE.

Oui, madame. La poste n'était pas partie.
Eh bien! que vous a dit le Marquis?

LA COMTESSE.

Vous méritez bien que je l'épouse.

LISETTE.

Je ne sais en quoi je le mérite; mais, ce qui
est de certain, c'est que, toute réflexion faite,
je venais pour vous le conseiller. (*A part.*) Il
faut céder au torrent.

LA COMTESSE.

Vous me surprenez. Et vos profits, que de-
viendront-ils?

LISETTE.

Qu'est-ce que c'est que mes profits?

LA COMTESSE.

Oui, vous ne gagneriez plus tant avec moi,
si j'avais un mari, avez-vous dit à L'Épine.
Penserait-on que je serai peut-être obligée de
me remarier pour échapper à la fourberie et
aux services intéressés de mes domestiques?

LISETTE, *à part.*

Ah! le coquin! il m'a donc tenu parole.
(*Haut.*) Vous ne savez pas qu'il m'aime, madame; que par là il a intérêt que vous épousiez son maître; et, comme j'ai refusé de vous
parler en faveur du Marquis, L'Épine a cru
que je le desservais auprès de vous; il m'a
dit que je m'en repentirais, et voilà comme
il s'y prend. Mais, en bonne foi, me reconnais-
sez-vous au discours qu'il me fait tenir? Y
a-t-il même du bon sens? M'en aimerez-vous
moins quand vous serez remariée? En serez-
vous moins bonne, moins généreuse?

LA COMTESSE.

Je ne le pense pas.

LISETTE.

Surtout avec le Marquis, qui, de son côté,
est le meilleur homme du monde. Ainsi,
qu'est-ce que j'y perdrais? Au contraire, si
j'aime tant mes profits, avec vos bienfaits, je
pourrais encore espérer les siens.

LA COMTESSE.

Sans difficulté.

LISETTE.

Et enfin je pense si différemment, que je
venais actuellement, comme je vous l'ai dit,
tâcher de vous porter au mariage en question, parce que je le juge nécessaire.

LA COMTESSE.

Voilà qui est bien, je vous crois. Je ne savais pas que L'Epine vous aimait, et cela
change tout; c'est un article qui vous justi-
fie : n'en parlons plus. Qu'est-ce que tu voulais me dire?

LISETTE.

Que je songeais que le Marquis est un
homme estimable.

LA COMTESSE.

Sans contredit, je n'ai jamais pensé autrement.

LISETTE.

Un homme en qui vous aurez l'agrément
d'avoir un ami sûr, sans avoir de maître.

LA COMTESSE.

Cela est encore vrai : ce n'est pas là ce que
je discute.

LISETTE.

Vos affaires vous fatiguent.

LA COMTESSE.

Plus que je ne puis dire : je les entends
mal, et je suis née paresseuse.

LISETTE.

Vous en avez des instants de mauvaise humeur, qui nuisent à votre santé.

LA COMTESSE.

Je n'ai connu mes migraines que depuis mon veuvage.

LISETTE.

Procureurs, avocats, fermiers, le Marquis vous délivrerait de tous ces gens-là. Savez-vous bien que c'est peut-être le seul homme qui vous convienne ?

LA COMTESSE.

Il faut donc que j'y rêve.

LISETTE.

Vous ne vous sentez point de l'éloignement pour lui ?

LA COMTESSE.

Non, aucun. Je ne dis pas que je l'aime de ce qu'on appelle passion ; mais je n'ai rien dans le cœur qui lui soit contraire.

LISETTE.

Eh ! n'est-ce pas assez ? Vraiment ! de la passion ! Si, pour vous marier, vous attendez qu'il vous en vienne, vous resterez toujours veuve ; et, à proprement parler, ce n'est pas lui que je vous propose d'épouser, c'est son caractère.

LA COMTESSE.

Qui est admirable, j'en conviens. Et on peut dire assurément que tu plaides bien pour lui. Tu me disposes on ne peut pas mieux ; mais il n'aura pas l'esprit d'en profiter, mon enfant.

LISETTE.

D'où vient donc ? Ne vous a-t-il pas parlé de son amour ?

LA COMTESSE.

Oui, il m'a dit qu'il m'aimait ; et mon pro-

mier mouvement a été d'en paraître étonnée;
c'était bien le moins. Sais-tu ce qui est arrivé? Qu'il a pris mon étonnement pour de la
colère. Il a commencé par établir que je ne
pouvais pas le souffrir. En un mot, je le dé-
teste; je suis furieuse contre son amour:
voilà d'où il part; moyennant quoi, je ne saurais le désabuser sans lui dire : Monsieur,
vous ne savez ce que vous dites; et ce serait
me jeter à sa tête; aussi n'en ferai-je rien.

LISETTE.

Oh ! c'est une autre affaire : vous avez raison; ce n'est pas ce que je vous conseille non
plus; et il n'y a qu'à le laisser là.

LA COMTESSE.

Bon ! tu veux que je l'épouse, tu veux que
je le laisse là; tu me promènes d'une extré-
mité à l'autre. Et peut-être n'a-t-il pas tant
de tort, et que c'est ma faute. Je lui réponds
quelquefois avec aigreur.

LISETTE.

J'y pensais; c'est ce que j'allais vous dire.
Voulez-vous que j'en parle à L'Epine, et que
je lui insinue de l'encourager?

LA COMTESSE.

Non, je te le défends, Lisette; à moins que
je n'y sois pour rien.

LISETTE.

Apparemment : ce n'est pas vous qui vous
en avisez, c'est moi.

LA COMTESSE.

En ce cas, je n'y prends point de part. Si
je l'épouse, c'est à toi qu'il en aura obligation; et je prétends qu'il le sache, afin qu'il
t'en récompense.

LISETTE.

Voyez comme votre mariage diminuera mes
profits ! Je vous quitte pour chercher L'Epine;

mais ce n'est pas la peine, voilà le Marquis, et
je vous laisse.   (*Elle sort.*)

SCÈNE XXIII

LA COMTESSE, LE MARQUIS.

LE MARQUIS, *à lui-même sans voir la Comtesse.*
Voici cette lettre que je viens de faire pour
le notaire; mais je ne sais pas si elle partira:
je ne suis pas d'accord avec moi-même. (*A la
Comtesse.*) On dit que vous souhaitez me parler,
Comtesse?

LA COMTESSE.
Oui, c'est en faveur de L'Épine. Il n'a voulu
que vous rendre service; il craint que vous
ne le congédiiez, et vous m'obligerez de le
garder : c'est une grâce que vous ne me re-
fuserez pas, puisque vous dites que vous m'aimez.

LE MARQUIS.
Vraiment, oui, je vous aime, et ne vous
aimerai encore que trop longtemps.

LA COMTESSE.
Je ne vous en empêche pas.

LE MARQUIS.
Parbleu ! je vous en défierais, puisque je ne
saurais m'en empêcher moi-même.

LA COMTESSE, *riant.*
Ah! ah! ah! ce ton brusque me fait rire.

LE MARQUIS.
Oh! oui, la chose est fort plaisante!

LA COMTESSE.
Plus que vous ne pensez.

LE MARQUIS.
Ma foi, je pense que je voudrais ne vous
avoir jamais vue.

LA COMTESSE.

Votre inclination s'explique avec des grâces infinies.

LE MARQUIS.

Bon ! des grâces ! A quoi me serviraient-elles ? N'a-t-il pas plu à votre cœur de me trouver haïssable ?

LA COMTESSE.

Que vous êtes impatientant avec votre haine ! Eh ! quelles preuves avez-vous de la mienne ? Vous n'en avez que de ma patience à écouter la bizarrerie des discours que vous me tenez toujours. Vous ai-je jamais dit un mot de ce que vous m'avez fait dire, ni que vous me fâchiez, ni que je vous hais, ni que je vous raille ? Toutes visions que vous prenez, je ne sais comment, dans votre tête, et que vous vous figurez venir à moi ; visions que vous grossissez, que vous multipliez à chaque fois que vous me répondez, ou que vous croyez me répondre ; car vous êtes d'une maladresse ! Ce n'est pas non plus à moi que vous parlez qu'à qui ne vous parla jamais ; et cependant monsieur se plaint.

LE MARQUIS.

C'est que monsieur est un extravagant.

LA COMTESSE.

C'est du moins le plus insupportable homme que je connaisse. Oui, vous pouvez être persuadé qu'il n'y a rien de si original que vos conversations avec moi, de si incroyable.

LE MARQUIS.

Comme votre aversion m'accommode !

LA COMTESSE.

Vous allez voir. Tenez, vous dites que vous m'aimez, n'est-ce pas ? et je vous crois. Mais voyons : que souhaiteriez-vous que je vous répondisse ?

LE MARQUIS.

Ce que je souhaiterais? Voilà qui est bien difficile à deviner! Parbleu! vous le savez de reste.

LA COMTESSE.

Eh bien! ne l'ai-je pas dit? Allez, monsieur, je ne vous aimerai jamais; non, jamais.

LE MARQUIS.

Tant pis, madame, tant pis. Je vous prie de trouver bon que j'en sois fâché.

LA COMTESSE.

Apprenez donc, lorsqu'on dit aux gens qu'on les aime, qu'il faut, du moins, leur demander ce qu'ils en pensent.

LE MARQUIS.

Quelle chicane vous me faites

LA COMTESSE.

Je n'y saurais tenir. Adieu.

(*Elle veut s'en aller.*)

LE MARQUIS, *la retenant.*

Eh bien! madame, je vous aime; qu'en pensez-vous? et, encore une fois qu'en pensez-vous?

LA COMTESSE.

Ah! ce que j'en pense? Que je le veux bien, monsieur; et encore une fois, que je le veux bien; car, si je ne m'y prenais pas de cette façon, nous ne finirions jamais.

LE MARQUIS.

Ah! vous le voulez bien? Ah! je respire! Comtesse, donnez-moi votre main, que je la baise.

CPSIA information can be obtained
at www.ICGtesting.com
Printed in the USA
BVHW04*1207180918
527831BV00013B/810/P